LE ROI LION

Libres et responsables

Après la mort de son père Mufasa, Simba s'est enfui loin de la Terre des Lions. Réfugié dans le désert, il y fait la connaissance de deux inséparables amis, Timon et Pumbaa.

— Reste avec nous, petit, lui dit Timon. Ici, on mène la belle vie : pas de contraintes, pas de responsabilités...

— Notre devise, c'est **hakuna matata**, ajoute Pumbaa. Cela signifie : « Pas de soucis ! »

Séduit par cette philosophie, Simba suit la mangouste et le phacochère dans la jungle et s'habitue vite à l'existence joyeuse de ses nouveaux compagnons.

Si le lionceau s'amuse à se rouler dans la boue, personne ne l'oblige à se laver. S'il a faim, il grignote quelques larves. À l'heure du coucher, personne ne lui ordonne d'aller au lit !

Cependant, à force de veiller une partie de la nuit, Simba finit par être très fatigué. Un matin, il peine à ouvrir les yeux quand Timon le réveille.

— Déjà ? gémit-il. Je n'ai presque pas dormi...

De mauvaise humeur, il suit ses amis près du trou d'eau où les animaux vont boire. À leur arrivée, tous s'écartent de Simba, l'air dégoûté.

— Écoute, petit, commence Timon. Tu as besoin d'un bon bain...

— Je ne comprends pas, répond piteusement le lionceau. Je croyais qu'*hakuna matata* signifiait qu'on pouvait faire tout ce qu'on voulait...

— Bien sûr, tu es libre d'agir à ta guise, mais il faut aussi que tu prennes soin de toi, lui explique Timon. Je suppose qu'avant, il y avait toujours quelqu'un pour te dire quand manger ou te coucher. Maintenant, c'est à toi de prendre tes propres décisions. **Tu dois apprendre à être plus autonome !**

— Et si, nous aussi, on le devenait, pour apprendre au petit le sens des responsabilités ? propose Pumbaa. Je suis sûr qu'on peut vivre sans se tracasser, mais de manière responsable.

— D'accord, accepte Timon en soupirant. D'ailleurs, puisqu'on en parle, un bain ne te ferait pas de mal non plus, Pumbaa...

Finalement, les compagnons se jettent à l'eau. Après sa toilette, Simba se rend compte qu'il se sent déjà beaucoup mieux. Puis il mange avec appétit : il se souvient comme il est appréciable d'avoir des repas à heure fixe.

Une fois rassasié, il décide de se reposer avec Pumbaa. Timon, lui, profite de la sieste de ses camarades pour collecter quelques insectes qu'ils dégusteront plus tard.

Au fil des jours, les camarades constatent que l'anticipation et les routines ont amélioré leur quotidien.

— Je suis ravi d'avoir proposé qu'on soit responsables, se félicite Timon. Avec l'aide de Pumbaa, bien sûr, ajoute-t-il devant le regard courroucé du phacochère.

— Oui, mais si vous ne m'aviez pas rencontré, vous n'y auriez jamais pensé ! conclut Simba.

ALADDIN

Bienvenue à la maison !

Ce matin-là, le cuisinier du palais dépose un superbe gâteau sur la table du petit déjeuner. Un message du Génie y est inscrit : « À très vite, les amis ! » Et POUF ! dans une explosion de confettis, le Génie fait son apparition ! Tous sont ravis de le retrouver.

— Je vous ai apporté quelques cadeaux, annonce le nouveau venu en ouvrant sa valise.

Stupéfait, le jeune couple le voit faire apparaître un beau tapis, une plante fleurie et bien d'autres merveilles.

— C'est si gentil à toi, le remercie la princesse. Vas-tu rester un peu ?

— Oh, oui ! Loge au palais ! ajoute Aladdin. Tu pourras même choisir ta chambre.

Jasmine le guide vers une vaste pièce remplie de coussins moelleux.

— C'est magnifique ! s'exclame le Génie. Mais je suis sûr qu'il y a mieux !

Un peu déçue, elle lui montre une deuxième chambre.

— Trop sombre..., tranche son ami.

Ils entrent ensuite dans l'ancien domaine de Jafar.

— Trop lugubre..., murmure le Génie.

Puis ils descendent dans la salle du trésor.

— Oh, mon ancienne lampe ! s'amuse le Génie. Venez, je vais vous la faire visiter !

D'un claquement de doigts, il transporte ses amis à l'intérieur. Comme c'est étroit !

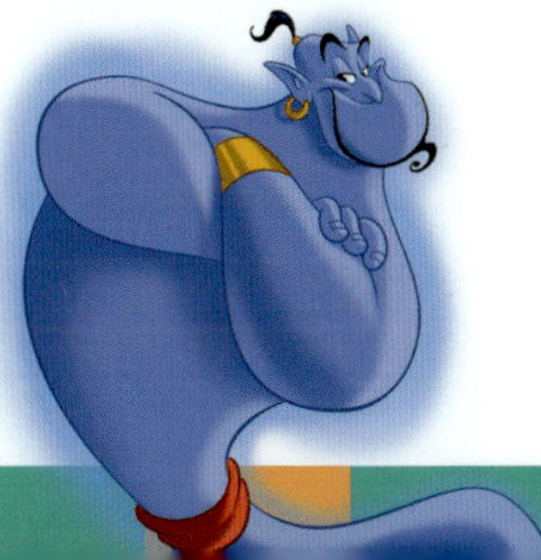

— Sors-nous vite de là ! crie Aladdin.

Aussitôt dit, aussitôt fait : POUF ! le Génie les libère et tous retrouvent leur taille normale.

— Allons voir les autres pièces, propose alors Jasmine.

Cependant, malgré ses efforts, leur ami bleu n'est jamais satisfait... Trop vide. Trop luxueux. Trop froid. Trop vert. Trop calme.

— Votre palais est immense, grommelle le Génie. Et pourtant, nous n'avons pas trouvé une seule chambre qui me conviendrait...

— Voyons, qu'y a-t-il ? réagit Jasmine, étonnée par son humeur chagrine.

— Ce tour du monde était génial, mais vous m'avez manqué, avoue alors le Génie. Et vous voir aussi heureux chez vous m'a fait réaliser que je n'ai pas de foyer...

— Mais bien sûr que si, tu en as un : il est ici, avec nous ! sourit Jasmine.

— Merci, mes amis ! répond le Génie en retrouvant son grand sourire. Il reste cependant un tout, tout petit problème... Je n'ai toujours pas de chambre !

— Mmh... J'ai mon idée, répond la princesse. Suis-moi !

Et les voilà tous repartis en direction du palais.

— Alors, qu'en dis-tu ? lui demande-t-elle, en lui remontrant la première pièce.

— Ni trop grande, ni trop petite, ni trop lumineuse, ni trop sombre... Princesse, cette chambre est parfaite ! s'écrie le Génie, heureux de se sentir enfin chez lui.

Jasmine est ravie de son succès. Dès le début, elle était persuadée que c'était la chambre idéale pour lui !

CARS

Le juke-box de Martin

Ce matin, Martin est tout excité. Son juke-box est presque terminé. Il manque un dernier élément pour achever sa création.
— Zut ! Mon pneu préféré a disparu. Pas grave, je l'y ajouterai plus tard, réfléchit Martin en hissant son invention sur sa remorque.
Il est impatient de faire admirer sa belle boîte à musique géante à ses amis. C'est parti !
— Hé, Ramone ! appelle-t-il. Je...
Mais son camarade l'interrompt rapidement avec une étrange nouvelle :
— Les tracteurs sont en train de mettre le bazar dans le quartier ! Je dois tout nettoyer.
En avançant dans le centre-ville de Radiator Springs, Martin croise le chemin de son meilleur copain, le champion de course Flash McQueen.
— Je dois aider à arrêter les tracteurs, déclare à son tour le bolide rouge.
Zoum ! il démarre en trombe.
— Mais comment ces chenapans se sont-ils échappés de leur enclos ? se demande Martin.
Puis la dépanneuse se rend au garage de Luigi.
— Regarde un peu ma tour de pneus penchée ! se lamente-t-il, catastrophé. Elle n'est plus qu'un tas, sans âme !
Martin est désolé, **il voudrait bien aider ses amis.** Mais comment ? Devant la station-service, Red le camion de pompiers est en train de sangloter.

— Snif... Les tracteurs ont piétiné mes fleurs.
— Peut-être qu'un petit morceau de musique pourrait t'aider..., suggère son compagnon.
Mais Red est trop triste pour l'écouter.
Au coin de la rue, la dépanneuse tombe sur le policier de la ville, qui lui aussi est occupé à traquer et à arrêter les tracteurs.
— C'est fou que de si petits véhicules soient si gênants, constate Martin. Mais, à cause d'eux, Radiator Springs est sens dessus dessous. Je vais ranger mon invention pour pouvoir aider les habitants.
Sur le chemin du retour, il allume son juke-box et commence à chantonner. Attiré par la musique, un petit tracteur se met à le suivre. Bientôt, tous les autres leur emboîtent le pas.
— Au moins, ma musique plaît à ces chenapans, se réjouit Martin, en montant encore le son et en poursuivant sa route.
Enchantés par la mélodie, les garnements le suivent en dansant jusque chez lui.
— Martin a rassemblé les tracteurs ! crie Sally en les voyant passer.
Tous les habitants félicitent chaleureusement la dépanneuse. Grâce à sa merveilleuse boîte à musique, les tracteurs ne causent plus de problèmes. Au contraire, tout le monde retrouve le sourire à Radiator Springs, et les accords mélodieux leur changent les idées, après un moment si compliqué.
Depuis ce jour, quand il allume son juke-box, tous ses amis viennent écouter un bon morceau de musique !

Rust-eze
BUMPER OINTMENT
95

PINOCCHIO

La fugue de Figaro

La vie a changé chez Geppetto, le fabricant de marionnettes, et cela ne plaît pas du tout à Figaro, son chaton noir et blanc. Avant, c'était à lui qu'on préparait de bons repas et qu'on racontait des histoires. Mais depuis que Pinocchio a été changé en petit garçon par la Fée Bleue, il n'y en a plus que pour lui, et **le chaton est jaloux.** Même Cléo, le poisson, reçoit plus d'attention que lui !

Agacé, Figaro s'installe sur le pas de la porte pour observer les passants dans la rue. Soudain, une libellule passe sous son nez. Aussitôt, le chaton se lance à sa poursuite. Malgré ses efforts pour le rattraper, l'insecte demeure hors de portée de ses pattes.

— Minou, minou ! l'appelle alors une voix douce. Une adorable petite fille lui tend les bras pour l'attirer à elle. Le chaton vient se frotter contre ses jambes et se laisse caresser le ventre. Voilà enfin quelqu'un qui sait l'apprécier à sa juste valeur !

— S'il te plaît, Maman, on peut le garder ? Je te promets que je m'occuperai bien de lui, supplie la fillette.

— Non, ce n'est pas possible, refuse sa mère. Maintenant, rentrons à la maison.

Figaro est déçu. Tant pis, il va retourner chez Geppetto...

Mais, en regardant autour de lui, il s'aperçoit qu'il ne reconnaît pas le quartier. Il s'est perdu ! Alors qu'il cherche son chemin dans les rues, la pluie se met à tomber. Bientôt, le chaton est trempé et tremble de froid.

Comme il regrette de ne pas être à la maison ! La dernière fois qu'il s'est trouvé sous une averse, Pinocchio l'avait séché et réconforté.

Voilà maintenant que son estomac gronde. Figaro a faim et il tente de fouiller les poubelles. Hélas, il tombe sur des chats errants qui n'ont pas du tout envie de partager !

Ils le menacent d'un air féroce, obligeant Figaro à prendre la fuite.

Épuisé, le chaton se réfugie devant une boutique. Jamais il ne s'est senti aussi seul et triste.

En s'allongeant sur la dure marche de pierre, il pense à son petit lit douillet. Pinocchio avait économisé son argent de poche pour lui acheter une couverture. Comme Figaro regrette d'avoir été jaloux du garçon.

Le lendemain matin, le chaton est réveillé par une voix qui crie son nom :

— Figaro !

Fou de joie, le chaton court dans les bras de Pinocchio.

— On a eu si peur, ajoute le marionnettiste, on a cru qu'on ne te retrouverait jamais !

Après avoir savouré un délicieux repas, Figaro s'installe sur les genoux de Pinocchio. Il est content qu'il y ait **une personne de plus pour l'aimer chez Geppetto,** car finalement, lui aussi aime le petit garçon !

© Disney

LA PETITE SIRÈNE

Babysitting de pieuvre

Cet après-midi, la sirène Ariel se prépare à faire du babysitting pour la première fois.
— Au revoir ! Passez un bon moment avec vos amis ! lance-t-elle aux parents pieuvres qui **lui confient leur fils, Melvin.**
Dès que son père et sa mère sont partis, Ariel propose au petit :
— J'ai entendu dire qu'il y avait une belle épave tout près d'ici. Allons l'explorer !
Après avoir nagé un court moment, les deux curieux découvrent le navire échoué sur le sable.
— Il n'y a pas longtemps, des êtres humains naviguaient à son bord, explique la sirène.
— Oh ! Qu'est-ce que c'est que ça ? Et ça ? Et ça ? Et ça ? Et ça ? Et ça ? Et ça ? Et ça ? demande-t-il en pointant ses huit tentacules dans huit directions différentes.
— J'aimerais le savoir... À quoi cela peut-il bien servir ? s'étonne Ariel en remarquant la roue du gouvernail.
Le petit se précipite vers l'étrange engin. Comme la roue possède huit poignées, il décide de s'y installer et d'y nouer ses tentacules. Tout à coup, le gouvernail se met à tourner à pleine vitesse !
Lorsque l'étrange objet s'arrête enfin, Ariel ne peut s'empêcher de rire en voyant Melvin, un peu étourdi, essayer de nager droit.

Puis elle remarque dans le sable quelque chose de brillant. C'est une passoire argentée !
— Je ne sais pas ce que c'est, mais j'adore cet objet ! se réjouit Ariel.
Après toute cette aventure, il est temps de rentrer.
— Il est bientôt l'heure d'aller dormir, dit la sirène en prenant dans sa main l'un des tentacules de Melvin.
Mais elle ne va pas bien loin, car les sept autres tentacules du petit fripon se sont enroulés autour du grand mât !
— Je ne veux pas dormir, je veux continuer à jouer ! s'exclame-t-il.
Puis il s'échappe rapidement en lâchant derrière lui un nuage d'encre noire !
Dès que l'encre se dissipe, la sirène fouille les coraux et les algues, mais comme les pieuvres sont capables de changer de couleur et de se cacher partout, elle finit par renoncer.
— Je suis vraiment la pire babysitter qui soit..., soupire-t-elle, découragée. Que faire ? Melvin a disparu alors que ses parents ne vont pas tarder à rentrer !
À cet instant, elle entend un léger ronflement. Tout près d'elle, Melvin a creusé un trou dans le sable et s'y est endormi ! Délicatement, Ariel le dépose dans la passoire et le ramène à la grotte familiale. À peine a-t-il rejoint son lit que ses parents reviennent !
— J'espère que Melvin ne vous a pas donné trop de fil à retordre, sourit Mme Octopus.
— Rien que je ne puisse résoudre, répond Ariel, tout en pensant **qu'elle n'oubliera jamais ce premier babysitting.**

LILO ET STITCH

Le premier Halloween de Stitch

Un matin, en se levant, Stitch découvre Lilo vêtue d'une étrange robe noire.
— Joyeux Halloween ! s'écrie la fillette.
— Halloween ? répète Stitch, surpris. C'est quoi ?
— Il s'agit de ma fête préférée : on se déguise et on mange des bonbons !
Lilo établit alors une liste et explique à l'alien tout ce qu'il doit savoir sur ce jour si particulier. Puis la petite fille part en quête d'un costume pour son compagnon.
— Tu seras un vampire, approuve Lilo en mettant une cape sur le dos de Stitch.
Maintenant que la nuit est tombée, les deux amis vont frapper chez les voisins pour réclamer des friandises. La fillette montre à Stitch comment procéder :
— Les enfants disent aux adultes : « Des bonbons ou un sort ? »
— On peut jouer des mauvais tours aux gens ? s'extasie l'être bleu.
— Oui, mais uniquement s'ils refusent de donner des sucreries. Souviens-toi que **le but est d'en obtenir le plus possible !**
Malheureusement, Stitch n'écoute plus Lilo. Et, après avoir effrayé un voisin, il sème la terreur dans son quartier en détruisant les décorations.
Déçue par le comportement de son ami, la fillette ne s'amuse plus du tout. Elle préfère s'éloigner.

Aussitôt, l'extraterrestre bleu arrête ses bêtises. Il ne voulait pas lui faire de peine et réfléchit au moyen de se racheter. Une fois seule, Lilo contemple de nouveau sa liste. Cette année, la collecte de bonbons ne se passe pas du tout comme elle l'avait espéré. Alors qu'elle se résigne à rentrer chez elle, une ombre gigantesque apparaît !
— Stitch est désolé, dit une voix familière.
Pour se faire pardonner, l'adorable petit être a réuni une montagne de bonbons !
— Incroyable ! Comment as-tu fait ? s'étonne la fillette.
Devant l'air coupable de son camarade, Lilo retourne vers la rue principale, où règne un silence inhabituel.
Les enfants contemplent tristement leurs sacs, qui se sont tous mystérieusement vidés...
— Stitch, tu ne peux pas voler les bonbons des autres ! le gronde Lilo. À Halloween, les bonbons sont offerts !
Heureusement, son ami connaît le moyen de tout arranger. Il se dépêche d'aller chercher son vaisseau spatial et charge à bord les sucreries qu'il a dérobées.
— Monte avec Stitch, propose-t-il à Lilo.
En survolant la ville, le jeune duo déverse sur les habitants une pluie de bonbons, pour la plus grande joie des enfants. **La fillette a retrouvé le sourire :** elle vit un Halloween mémorable !
La soirée se termine par un véritable festin de sucettes, de chocolats et de caramels, que les deux meilleurs amis ont récoltés sans terrifier personne. Le premier Halloween de Stitch est une réussite, finalement !

ZOOTOPIE

Judy à la rescousse !

Depuis toute petite, Judy Hopps rêve de devenir la première lapine policière de Zootopie. Et, aujourd'hui, c'est son premier jour de travail ! Elle est impatiente de résoudre des enquêtes... Mais la mission qui lui est confiée n'est pas aussi excitante qu'elle l'aurait voulu : elle doit distribuer des amendes aux voitures mal garées.
Quelle déception !
Le lendemain, alors qu'elle accomplit sa tâche avec le plus grand sérieux, elle entend un appel à l'aide :
— Au voleur ! On a cambriolé ma boutique ! crie un fleuriste. Il s'échappe !
Judy n'est pas censée intervenir... pourtant, elle n'hésite pas un instant. Elle s'élance sur les traces du criminel, un dénommé Duke Weaselton.
— Arrête-toi, au nom de la loi ! hurle-t-elle.
— Essaie un peu de m'attraper, grandes oreilles, rétorque le bandit.
Duke tente de se camoufler parmi les animaux déambulant sur la place centrale de Zootopie. Mais Judy est agile, elle n'a aucun mal à slalomer à travers la foule.
Le voleur se précipite vers Sourisville, le quartier où vivent les petits rongeurs.
— Tu ne m'échapperas pas ! menace Judy en le suivant de près.

Quand Duke se rend compte que la lapine gagne du terrain, il utilise deux voitures comme des patins à roulettes pour aller plus vite. Mais cela crée la panique dans le quartier ! Un bus est projeté dans les airs... Heureusement, Judy le rattrape juste à temps !
Duke escalade ensuite les immeubles de Sourisville, qui s'effondrent comme des dominos. La policière s'empresse de les redresser. Chaque fois qu'elle croise un rongeur, elle s'assure qu'il n'est pas blessé. Puis elle repart de plus belle !
Enfin, elle rattrape le fuyard en l'agrippant par le col :
— Les mains en l'air !
Judy le cloue au sol et essaie de lui passer les menottes. Mais Duke n'a pas dit son dernier mot !
— Un petit beignet pour le goûter, ma chère lapine ? lance-t-il avec un rire méchant.
Il donne un grand coup de pied dans une décoration en forme de beignet. La policière l'évite de justesse... mais le gâteau géant poursuit sa route en direction d'une musaraigne, qui est en train de traverser la rue !
Judy s'élance et attrape le beignet *in extremis* ! Et Duke en profite pour échapper à la lapine. Mais cette dernière redouble encore d'efforts, et elle l'immobilise en lui enfilant le beignet par la tête.
Enfin, ça y est ! Judy a neutralisé le criminel. Et elle l'emmène aussitôt au commissariat de Zootopie. La lapine est très fière. Elle a accomplie sa première mission de police. Son rêve est devenu réalité !

PETER PAN

Cache-cache chez les Darling

Ce soir, les parents Darling sont de sortie. Leurs enfants Wendy, Jean et Michel restent à la maison en compagnie de Nana, leur chienne adorée, qui est également leur nounou !
Alors que les garçons se plaignent de la pluie qui dure depuis des semaines, leur sœur propose de faire **une partie de cache-cache.**
Comme c'est elle la plus âgée, la jeune fille sera la première à se cacher.
— Retournez-vous et comptez jusqu'à vingt, rappelle-t-elle à ses frères et à Nana.
Dès qu'ils ont terminé de compter, le trio file à la recherche de Wendy. Celle-ci s'est cachée derrière un rideau, et elle est immédiatement repérée !
C'est maintenant au tour de Jean. Pendant que Nana compte avec Wendy et Michel, il cherche une meilleure cachette que celle de sa sœur.
« Si je me cachais sous un lit ? Ou dans un placard ? », s'interroge-t-il. « Non, c'est trop évident ! » Finalement, à force d'hésiter, il est trouvé à découvert, au bas des escaliers !
Enfin, Michel file tout en haut de la maison, accompagné de la chienne.
— Allons dans le grenier, glisse-t-il à sa complice. Ils ne nous trouveront jamais, là-haut !
Le garçon se faufile dans la pièce, suivi par Nana. Soudain, un courant d'air referme la porte derrière eux !

La chienne n'a pas le temps de s'en inquiéter, car Michel l'appelle.
— Nana, regarde tous les trésors que j'ai trouvés ici ! s'émerveille-t-il en ouvrant une boîte pleine de clés.
Pendant ce temps, Jean et Wendy se mettent à les chercher.
— Où sont-ils passés ? s'inquiète la jeune fille.
De son côté, le petit Michel s'est bien amusé, mais il en a assez. Sa nounou tente alors d'ouvrir la porte, sans succès. Ils sont bloqués dans le grenier.
— Au secours ! crie l'enfant, terrifié.
— Ouaf ! Ouaf ! Ouaf ! jappe Nana de toutes ses forces.
Ses aboiements parviennent aux oreilles de Wendy et de son frère cadet, qui se précipitent au grenier.
— Vite, ouvre la porte, Jean ! s'écrie Wendy. Michel et Nana sont enfermés dedans.
— Je n'y arrive pas ! se désole son petit frère. Elle est verrouillée, et nous n'avons pas la clé...
De l'autre côté de la porte, Nana a tout entendu. Elle se précipite vers la boîte remplie de clés de toutes les tailles, sur laquelle ils sont tombés un peu plus tôt.
— Bravo, Nana ! la félicite Michel.
Ils n'ont plus qu'à les passer sous la porte pour que Wendy et Jean les essaient une à une. Au bout de plusieurs tentatives, ils parviennent enfin à délivrer Nana et leur frère.
— Je crois qu'on a gagné ! annonce Michel d'un air triomphant, tandis que tous se font un câlin.

© Disney

POCAHONTAS

La migration hivernale

À la fin de l'automne, une fois la récolte du maïs terminée, toute la tribu de Powhatan se prépare à rejoindre son camp d'hiver.

Chaudement vêtues, Pocahontas et sa meilleure amie Nakoma finissent de remplir leurs sacs après avoir démonté leurs huttes. Laissant leurs champs se reposer durant la saison froide, les villageois entament leur long périple.

Les animaux ont déjà commencé à hiberner. Meiko, le raton laveur, profite du voyage pour faire la sieste bien au chaud !

Quelques heures plus tard, le ciel se couvre et la neige commence à tomber.

— Nous y sommes ! prévient soudain le chef Powhatan, le père de Pocahontas.

Dès qu'ils arrivent sur le site, hommes et femmes s'affairent à remonter les huttes. La princesse et ses camarades partent ramasser du bois.

À quelques kilomètres du camp, Pocahontas savoure le silence de la forêt enneigée, quand un appel angoissé résonne dans l'air froid. Intriguée, elle grimpe sur la branche d'un arbre et aperçoit un petit faon qui semble affamé.

« Tout seul, il ne survivra pas longtemps... », songe-t-elle avec tristesse.

Silencieusement, la jeune femme s'approche de l'animal craintif, s'agenouille et dépose sur le sol une poignée de baies.

Puis elle s'écarte et commence à inspecter les traces que le faon a laissées dans la neige. Pocahontas a l'idée de remonter sa piste pour retrouver sa mère, mais il va falloir ruser...

Elle sait qu'elle ne doit surtout pas toucher le faon, car sa propre odeur risquerait de détourner sa mère de lui. Aussi décide-t-elle de semer des baies au fil du chemin afin que l'animal la suive. Cela marche si bien qu'elle parvient même à lui faire traverser une rivière !

Soudain, la jeune femme aperçoit une biche dans une clairière.

— La voilà ! Va vite..., commence-t-elle.

Mais le faon bondit et trottine déjà joyeusement vers sa mère.

C'est alors qu'un craquement discret la fait se retourner. Qui donc a pu la pister jusqu'ici ?

— Te voilà enfin ! lance son amie Nakoma en surgissant du bois. **Je t'ai cherchée partout !**

— Nakoma, tu m'as fait peur ! réagit Pocahontas. Regarde, j'aidais ce petit à retrouver sa mère...

À la vue de la biche et de son faon, le visage de son amie s'illumine d'un sourire.

— C'est merveilleux, dit-elle. Mais le soir tombe, nous devons rentrer...

À leur retour, les deux jeunes femmes ont le plaisir de voir que d'autres tribus se sont jointes à la leur. Voilà la vraie magie de l'hiver !

Peu importe où se trouve le camp : entourée des rires, des histoires et de l'amour des siens, **Pocahontas se sentira toujours chez elle.**

© Disney

WALL•E

Le Noël de Wall•E

Cachés derrière un tas de détritus, Wall•E et EVE analysent le comportement des humains. Depuis quelques semaines, ceux-ci agissent... bizarrement. Ils installent des guirlandes colorées et une statue en plastique d'un bonhomme vêtu de rouge.

Wall • E scrute attentivement le visage des humains. Pourquoi ont-ils l'air si différents ?

Soudain, il trouve la solution : pour la première fois depuis longtemps, **les humains sont heureux !** À bord de l'*Axiom*, le gigantesque vaisseau, ils arboraient une expression ennuyée, alors que désormais, leur humeur a changé.

Wall•E a une idée : pourquoi les robots ne seraient-ils pas heureux, eux aussi ? Après plusieurs heures, son amie et lui ont stocké dans leur mémoire le comportement des humains. Ils peuvent maintenant les imiter ! Tout à coup, des éclats de voix attirent l'attention d'EVE. Le Capitaine de l'*Axiom* est en train de parler avec un de ses compagnons humains.

— J'adore Noël ! s'exclame le Capitaine.

Noël ! Il s'agit sûrement d'un mot important... EVE enregistre soigneusement cette information.

— Ce n'est pas seulement une fête matérielle, continue-t-il. **Les cadeaux nous servent à exprimer à notre famille et à nos amis qu'on les aime.**

Les mots du Capitaine bourdonnent dans la tête d'EVE. Elle a un être qui compte pour elle plusque les autres : Wall•E. Elle veut lui montrer à quel point elle l'apprécie. Quel cadeau serait adapté pour cela ?

Deux jours plus tard, c'est la veillée de Noël. Comme les humains, les robots ont préparé la fête avec grand soin. EVE prend Wall•E à part et lui tend son cadeau, qu'elle a délicatement emballé.

— EVE ? lui demande-t-il, surpris.

Wall•E défait le beau papier avec le plus grand soin... À l'intérieur, il découvre un adorable sapin miniature !

Une information remonte dans ses circuits : EVE s'appelle ainsi car elle est Évaluatrice de Végétation Extraterrestre.

Elle a été programmée pour détecter des plantes. Voilà comment elle a trouvé ce petit arbre. EVE a choisi ce cadeau car elle sait que Wall•E, avec ses drôles de manières et sa générosité, prendra **soin du sapin miniature mieux que quiconque.** Les deux robots trouvent l'endroit parfait pour planter leur nouvel arbre.

Enfin, Wall•E met une petite étoile à son sommet. Avec EVE, il contemple longtemps le sapin. La décoration scintille, car elle reflète la lumière des vraies étoiles qui brillent au-dessus d'eux, dans le ciel nocturne.

EVE prend la main de Wall • E, qui serre doucement celle de son amie en retour.

— EVE, murmure-t-il avec gratitude.

À cet instant, le robot comprend pourquoi les humains aiment tant Noël.

WALL·E

LES 101 DALMATIENS

Rolly le pompier

Ce matin, Rolly aperçoit Nanny, la gouvernante, en train de cueillir des pommes.

« Cela signifie qu'elle va préparer une tarte ! » se réjouit le gourmand.

Rolly se dépêche d'annoncer la bonne nouvelle à ses frères et sœurs, qui regardent à la télé les aventures de leur idole, Ouragan. Sur l'écran, le brave chien est en train d'aider à éteindre un incendie impressionnant.

Patch et Penny rêvent de devenir pompiers, comme lui.

— Ça me donne une idée ! s'exclame Perdita, leur mère.

Les parents mettent en place une série d'exercices d'entraînement pour devenir pompier. Les chiots aboient de joie, puis Perdita annonce :

— Voyons d'abord qui sera le plus rapide pour ranger son tuyau.

Les trois chiots enroulent chacun le long tube à toute vitesse. Rolly fait de son mieux, mais il s'emmêle dans un nœud géant !

— Pour l'épreuve suivante, vous devez grimper sur des échelles, comme les pompiers, explique leur mère.

Patch et Penny réussissent à en atteindre le sommet, mais Rolly a le vertige et trébuche.

Puis, Pongo lance enfin le dernier défi :

— Il faut courir le plus vite possible jusqu'à la bouche d'incendie.

Rolly soupire, il craint de ne pas être assez rapide.

— Ne t'inquiète pas, le rassure son père. Nous sommes tous différents, et c'est ce qui rend chacun de nous si spécial.

Le chiot hausse les épaules, il n'est pas convaincu : lui ne se sent pas spécial du tout !

— À vos marques, s'écrie Perdita. Prêts ? Partez !

Patch et Penny s'élancent et distancent vite leur frère. Découragé, le chiot ralentit et reprend son souffle. En passant sous la fenêtre de la cuisine, il remarque quelque chose d'inhabituel. Au lieu du parfum de la délicieuse tarte aux pommes de Nanny, le chiot renifle une odeur de fumée !

Rolly oublie aussitôt la course et se précipite dans la cuisine. De la fumée s'échappe du four : la tarte est en train de brûler !

« Que ferait Ouragan ? », se demande-t-il.

Le chiot courageux rassemble ses forces et se met à aboyer très fort pour prévenir les autres. Rapidement, ses maîtres et la gouvernante arrivent en courant.

— Oh là là, s'écrie Nanny, j'ai oublié ma tarte !

Elle éteint le four, tandis qu'Anita et Roger ouvrent les fenêtres pour dissiper la fumée.

— Bravo, Rolly ! le félicite Anita. Tu es un héros !

— Grâce à toi, renchérit Roger, nous avons évité un incendie !

— Je te l'avais bien dit, Rolly, déclare son papa. **Nos différences nous rendent tous uniques.**

— Je reconnais que ce n'est pas toujours important d'être le plus rapide, avoue Patch.

— Ou le plus fort ! renchérit Penny.

— Mais nous pouvons tous être courageux... comme Ouragan ! conclut Rolly.

FIRE STATION
© Disney

LE LIVRE DE LA JUNGLE

Mowgli à la rescousse !

— On a réussi ! triomphe Mowgli.
Avec la complicité de ses amis, l'ours Baloo et la panthère Bagheera, il vient d'échapper aux singes du Roi Louie.
— Nous devons trouver un endroit sûr afin d'y passer la nuit, réfléchit la panthère. La jungle est remplie de dangers pour Mowgli...
— Détends-toi ! le coupe l'ours. Je peux nous protéger.
— Baloo, je te rappelle qu'on doit conduire le garçon au village des hommes. Tant que Shere Khan rôde, le petit n'est pas en sécurité !
Tandis que les animaux se disputent, Mowgli remarque **un écureuil qui vole de branche en branche.** L'enfant l'imite et, bientôt, il s'amuse comme un fou avec son nouvel ami. Après avoir tant joué, Mowgli a faim.
— Regarde, dit-il à l'écureuil. Il y a des bananes, sur l'autre rive !
Il n'est pas le seul à être affamé : Kaa le python les suit depuis un moment.
Vite, il traverse la rivière en nageant et s'enroule autour d'une branche pour guetter ses proies. Mais ses deux cibles tombent la tête la première dans l'eau !
— Parfait, je n'ai plus qu'à les ssssssecourir, glousse doucement Kaa.

En formant une large boucle avec sa queue, il rattrape l'enfant et l'écureuil avant de les hisser sur sa branche. Puis le python capte le regard du rongeur, le fixe dans les yeux et resserre ses anneaux autour de lui, prêt à l'étouffer.
Mowgli comprend immédiatement ce qu'il se passe ! Un jour, Kaa l'a hypnotisé de la même manière, et il n'a été sauvé que par l'intervention de Bagheera. **Cette fois-ci, c'est à lui de secourir l'écureuil.**
En prenant soin de bien éviter le regard du python, le garçon saute au bas de l'arbre et soulève une grosse pierre qu'il attache à la queue de Kaa. Ensuite, il jette le rocher en direction de la rivière. Entraîné par le poids de la pierre, le serpent chute lourdement.
Soulagé, le petit écureuil saute dans les bras du garçon avant de repartir en bondissant.
— Mowgli ! l'appellent Bagheera et Baloo.
Depuis la rive opposée, ils ont tout vu.
Pour les rejoindre, le petit d'homme longe la rivière jusqu'à la cascade, où il peut traverser sans risquer d'être emporté par le courant.
Cette nuit-là, alors que l'enfant commence à s'endormir, il entend ses compagnons se disputer à nouveau.
— Mowgli a échappé à Kaa **parce qu'il a été malin,** il ne l'a pas regardé dans les yeux, insiste la panthère.
— Absolument pas, s'énerve l'ours. C'est en soulevant ce gros caillou qu'il s'est débarrassé du serpent. Il est fort, voilà tout !
L'enfant sourit. Lui seul sait qu'il a secouru l'écureuil aussi bien grâce à son intelligence qu'à ses muscles...

LA BELLE AU BOIS DORMANT

La soirée pyjama d'Aurore

Depuis son mariage avec le prince Philippe, Aurore n'a plus beaucoup de temps à consacrer aux trois fées qui l'ont élevée. Aussi, lorsque son époux lui annonce qu'il part quelques jours, elle en profite pour inviter ses marraines. Mais à leur arrivée, Flora, Pâquerette et Pimprenelle ont la surprise de découvrir Aurore en chemise de nuit.

— Es-tu malade, mon enfant ? s'inquiète aussitôt Pâquerette.

— Oh, non, répond la princesse en souriant. Je me suis dit que nous pourrions organiser une soirée pyjama pour votre première nuit ici !

Ses marraines sont ravies. Tout en virevoltant, Pimprenelle décide de changer la couleur de la chemise de nuit d'Aurore d'un coup de magie.

— Bleu, c'est beaucoup mieux ! affirme-t-elle avant de tournoyer avec sa filleule, satisfaite.

— Pas question, réplique Flora en rendant au tissu sa couleur initiale.

En guise de représailles, Pimprenelle s'amuse alors à lancer un oreiller sur Flora. Cette dernière riposte en lui renvoyant le coussin. Devant ce spectacle, Aurore et Pâquerette échangent un regard complice. Elles se saisissent à leur tour d'un polochon et se joignent à la bataille !

— Eh bien, toute cette agitation m'a donné faim, remarque Pimprenelle.

— Allons à la cuisine, les invite Aurore. Je vous ai préparé une surprise.

Un beau panier rempli de fraises les attend sur la table. Avec gourmandise, Flora se prépare un gros sandwich aux fruits et à la chantilly. Il est si épais que, dès qu'elle mord dedans, une giclée de crème traverse la pièce, et atterrit pile sur le visage d'Aurore !

Mais la princesse ne se met pas en colère. Au contraire, elle éclate de rire, tout comme les fées.

— Ce n'est vraiment pas grave, la rassure la jeune femme. **Les soirées pyjama sont faites pour s'amuser !**

Après cette joyeuse collation, il est temps d'aller se coucher.

— Et si nous lisions une histoire avant de dormir ? propose Aurore.

L'aventure que raconte Flora est passionnante. Ses trois camarades l'écoutent avec attention. Mais bientôt, leurs yeux commencent à se fermer. Le livre est mis de côté, et les lumières sont éteintes.

Si Aurore, Pâquerette et Pimprenelle s'endorment paisiblement, ce n'est pas le cas de Flora... Elle rêve que la fée bleue a changé la couleur de ses agneaux à la fourrure rose. À force de gigoter, elle finit par réveiller les autres occupantes de la chambre.

La princesse se met alors à chanter une berceuse de sa voix mélodieuse.

Bientôt, les fées sombrent dans un sommeil heureux.

— Bonne nuit, mes chères marraines, chuchote Aurore, avant de s'assoupir à son tour.

© Disney

LE ROI LION

Les qualités d'un roi

Dès que le soleil se lève sur le Rocher du Lion, Simba et Nala sont prêts à jouer. Mais c'était sans compter sur Zazu, qui se pose devant eux !

— Simba, en tant que jeune prince, tu as des responsabilités, lui rappelle l'oiseau, et nous avons fort à faire, aujourd'hui.

— Je préférerais jouer avec Nala..., tente le lionceau.

— Pas question, le coupe le conseiller du roi. Ton père m'a chargé de ton éducation.

— Bon, dans ce cas, j'irai à la rivière toute seule, décide Nala. À plus tard !

Simba suit son amie du regard. Comme il aurait aimé l'accompagner ! À la place, il est contraint de suivre Zazu près du point d'eau. Là, le calao lui montre les animaux qui attendent leur tour pour boire.

— Un roi doit savoir établir des règles pour le bien-être de ses sujets, commence Zazu. Comme les antilopes prennent un peu trop leur temps, le conseiller intervient pour qu'elles cèdent leur place aux zèbres. Simba en profite alors pour filer en se mêlant aux girafes !

Mais l'oiseau, qui le surveillait, le rattrape. Il guide ensuite Simba jusqu'au Rocher du Lion, où Mufasa reçoit les animaux qui souhaitent lui parler. Intrigué, le lionceau écoute le souverain répondre avec sagesse aux réclamations des éléphants et des rhinocéros.

Mais, au bout d'un moment, il finit par s'ennuyer et s'assoupit.

— Réveille-toi, jeune prince, le gronde l'oiseau. La leçon n'est pas terminée !

En soupirant, Simba le suit au bord de la rivière. Il espère pouvoir lui fausser compagnie et retrouver son amie en cachette... C'est alors qu'un cri retentit.

Vite, il court en direction de l'eau, dans laquelle se débat Nala. La jeune lionne a été emportée par le courant et appelle au secours !

— Préviens mon père, ordonne Simba au conseiller, qui s'envole aussitôt.

Le lionceau réfléchit à toute vitesse, en regardant autour de lui. Tout près, il aperçoit une longue branche d'arbre sur la berge.

— Accroche-toi, Nala ! hurle-t-il en lui tendant la branche qu'il tient dans sa gueule.

Puis il rapproche le morceau de bois de sa camarade, qui s'en saisit. En s'agrippant sur les rochers à l'aide de ses griffes, Simba parvient à tirer la jeune lionne hors de la rivière.

— Tout va bien maintenant, la rassure Simba.

— Zazu, pourrais-tu raccompagner Nala, s'il te plaît ? demande Mufasa qui les a rejoints. Je veux parler à mon fils.

Le lionceau craint que son père ne lui reproche de ne pas avoir assez écouté Zazu.

— Simba, je suis fier de toi, déclare pourtant son papa. Une des plus grandes qualités d'un souverain est le courage, et tu en as fait preuve en venant au secours de Nala. Un jour, tu seras un grand roi, mon fils !

MERLIN L'ENCHANTEUR

Soirée pyjama

Depuis que Moustique a rencontré Merlin, sa vie a complètement changé. En plus de ses leçons avec le magicien, le jeune orphelin continue à servir Sire Hector. Pourtant, malgré des journées bien remplies, le garçon n'arrive pas toujours à trouver le sommeil.

C'est le cas ce soir-là, et le jeune homme décide donc de rendre visite à Merlin, dans sa tour délabrée.

— Lis cet ouvrage ! propose l'Enchanteur en faisant voler un gros livre en direction du garçon. Il est très ennuyeux et pourrait parfaitement s'intégrer à ton rituel du coucher.

D'un coup de baguette magique, il transforme également les habits de Moustique en pyjama. Le garçon est ravi de porter **une tenue aussi confortable !**

— Nous allons organiser une soirée pyjama, annonce le sorcier en agitant à nouveau sa baguette. *Lapinus Lapinou* !

Moustique sent que quelque chose a changé en lui.

— Oh, nous sommes devenus des lapins ! s'étonne-t-il.

— En effet, car la meilleure conteuse de la région est Maman Lapin, lui révèle l'Enchanteur. En route !

Il guide ensuite Moustique à travers les bois, tandis que le hibou les suit jusqu'à l'entrée d'un terrier, au pied d'un arbre.

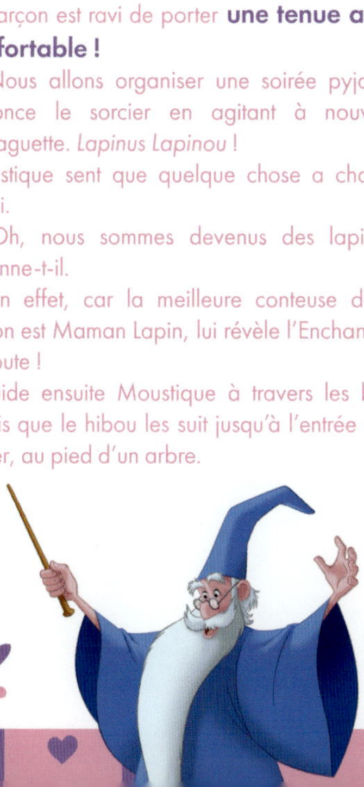

— Archimède, tu ne peux pas entrer, lui rappelle le sorcier, car certains hiboux mangent des lapins. Pas notre Archimède, bien sûr, dit-il au garçon. Mais, pour ce soir, il est préférable qu'il nous attende à l'extérieur.

Ce dernier accepte en levant les yeux au ciel. Puis Merlin et son élève se faufilent dans le terrier, où des lapereaux écoutent attentivement Maman Lapin.

— *Et ils ont sombré dans un profond sommeil*, conclut la conteuse dans un murmure. *Depuis ce jour, nous connaissons l'histoire du...*

— Un hibou ! hurle un lapereau, terrifié.

La panique se répand dans le petit terrier, car Archimède vient d'y entrer !

— Merlin, s'il vous plaît, faites quelque chose, le supplie Moustique.

POUF ! l'adolescent est de retour dans la tour de l'Enchanteur.

— Oh ! je suis redevenu humain, constate-t-il.

— Et voilà du lait chaud, annonce son professeur en apportant des tasses du liquide fumant.

Moustique avale quelques gorgées lorsqu'il sent ses paupières s'alourdir.

— Vous savez..., commence-t-il.

— Chuuuut, le coupe Merlin en lui montrant Archimède, qui s'est endormi.

D'un dernier coup de baguette, il transporte l'enfant dans son lit.

— Un pyjama confortable, une bonne histoire et une tasse de lait chaud : ça, mon garçon, ça fait partie **du rituel du coucher.** Peut-être pourrais-tu réessayer seul demain ?

Mais le vieil homme n'obtient aucune réponse... Moustique a enfin trouvé le sommeil.

© Disney

LA REINE DES NEIGES

Le fantôme d'Arendelle

Olaf explore la bibliothèque du château.
— Anna, regarde ce beau livre rose ! s'écrie-t-il joyeusement. De quoi parle-t-il ?
— De fantômes, déclare Anna.
— J'adore les fantômes ! Qu'est-ce que c'est ?
— Un fantôme, c'est... Attends, j'ai une idée !
Et elle entraîne le bonhomme de neige dans le bureau de sa sœur.
— Elsa, dit-elle, Olaf ne connaît pas les fantômes. Et si on campait ce soir pour les guetter ?
La reine est bien sûr partante. Aussitôt, elles rassemblent provisions, oreillers et couvertures. Puis les deux sœurs conduisent leur ami dans une aile abandonnée du palais.
— Commençons par allumer un feu, lance Anna.
Pour éviter qu'Olaf ne fonde, Elsa fait apparaître un petit nuage de neige au-dessus de sa tête. Après un bon pique-nique, elle ouvre le livre :
— *Par une sombre nuit d'été*, commence-t-elle, *un fantôme errait dans le château d'Arendelle...*
Elle s'interrompt en voyant que, près d'elle, Anna s'est déjà endormie.
— Olaf, moi aussi, je suis fatiguée, reconnaît Elsa en se glissant sous son plaid. Nous chercherons les fantômes demain.
Le bonhomme de neige continue à penser à ces êtres mystérieux. Puisqu'ils sortent la nuit, il décide d'aller explorer les couloirs du château.

— Fantômes ! les appelle-t-il. Mon prénom est Olaf et j'aimerais être votre ami.
Le bonhomme de neige se trouve à présent en haut d'un escalier. Mais, dans l'obscurité, il ne s'en rend pas compte et trébuche.
BIM BOUM BADABOUM !
Le vacarme réveille les jeunes femmes en sursaut.
— Que se passe-t-il ? s'inquiète Elsa.
— Et où est Olaf ? remarque sa sœur.
Sans perdre un instant, elles se lèvent et se lancent à la recherche de leur compagnon.
— Oooh, résonne une petite voix en bas de l'escalier.
— On dirait un fantôme, chuchote Anna.
Elles descendent alors les marches en silence. Tout en bas, les deux jeunes femmes tombent sur une forme cachée sous un drap blanc.
— Nous venons en amies, déclare Elsa, en l'éclairant de son chandelier.
— Moi aussi, je veux être votre ami ! répond la petite voix sous le drap. **Est-ce que vous êtes des fantômes ?** Ravi de vous rencontrer ! J'adore les câlins, et vous ?
Rassurées, Anna et Elsa échangent un regard complice et, d'un geste vif, cette dernière soulève le drap.
— Oh, je peux voir de nouveau ! s'écrie Olaf. Merci, fantôme qui ressemble à Elsa.
— Olaf, c'est moi, réplique-t-elle en riant.
— Et moi, je suis Anna, ajoute sa sœur.
Après un câlin collectif, Olaf s'interroge :
— Est-ce que nous avons fait une chasse aux fantômes ?
— Tout à fait, approuve Elsa. Et tu es de loin le meilleur bonhomme de neige fantôme qu'on ait vu à Arendelle !

LE MONDE DE NEMO

Jeux nocturnes

Aujourd'hui, Nemo joue à chat avec son amie Perle, la pieuvre. Le petit poisson aperçoit soudain d'étranges silhouettes. Impatient d'en savoir plus, il nage dans leur direction.
— C'est un champ d'algues ! s'écrie-t-il, tout excité. Il forme un labyrinthe géant. Quel endroit parfait pour jouer à cache-cache ! On y va ?
Perle remarque alors que l'océan commence à s'assombrir.
— J'aimerais beaucoup, répond-elle, mais il est tard, et nos parents vont se demander où nous sommes passés.
— Tu as raison ! approuve le poisson-clown. Nous reviendrons demain.
Plus tard dans la soirée, Nemo raconte à son papa son incroyable découverte.
— Ça m'a l'air d'être un endroit formidable, dit Marin. Mais c'est l'heure d'aller se coucher.
Après un moment, Nemo ne parvient pas à trouver le sommeil. Il se relève et rejoint son père.
— Papa, je n'arrive pas à m'endormir, le secoue-t-il. Alors, je pensais que nous pourrions aller au champ d'algues maintenant. Comme ça, tu verras qu'il n'y a rien à craindre. Et quand nous rentrerons, promis, je filerai au lit !
Amusé, Marin finit par accepter.

Mais, dans l'obscurité, il est très difficile de trouver son chemin. C'est alors qu'un mystérieux poisson violet parsemé de points lumineux apparaît. Il s'avance vers eux et se présente : il s'appelle Lumen.
— Ma famille et moi, nous sommes des poissons nocturnes, poursuit-il.
Lumen les conduit ensuite au grand champ d'algues. Tandis que les enfants jouent à cache-cache, Marin explore les alentours et s'enfonce de plus en plus profondément dans le labyrinthe d'algues. À force de tourner en rond, il se rend compte qu'il est perdu !
— Nemo ! crie-t-il. Où es-tu ?
Le poisson-clown tente de retrouver son chemin. Après un long moment, il finit par repérer une lueur au loin. En la suivant, Marin parvient enfin à sortir du champ d'algues.
Précisément à l'endroit où il les a laissés, il retrouve Nemo et Lumen. **Le père soupire de soulagement en serrant son fils fort contre lui.**
— Te voilà, papa ! s'exclame Nemo. Où étais-tu passé ? Je suis content de t'avoir retrouvé. Tu sais que ce n'est pas prudent de t'éloigner dans le noir ?
Père et fils souhaitent finalement une bonne nuit à Lumen.
Sur le chemin du retour, Nemo remarque que Marin bâille beaucoup.
— Quand nous serons à la maison, il faudra que tu ailles vite te coucher, papa, conseille Nemo malicieusement. Tu as vécu bien assez d'aventures pour une seule soirée !

REBELLE

Une journée entre mère et fille

Comme Merida et sa mère, la reine Elinor, ont des caractères très différents, elles ont décidé de passer toute une journée ensemble pour apprendre à mieux se connaître. À la demande d'Elinor, elles commencent par faire un peu de broderie.

Merida s'efforce de s'appliquer mais, au bout d'un moment, elle rêvasse en regardant par la fenêtre. Elinor sait bien que la princesse déteste les travaux de couture, aussi décide-t-elle de lui faire plaisir en retour.

— Et si tu m'apprenais à tirer à l'arc ? propose-t-elle.

Ravie, Merida tente de lui enseigner les bases de son activité préférée. Cependant, en dépit de toute sa bonne volonté, sa mère manque systématiquement la cible.

— Finalement, je pense que je préférerais... une balade à cheval ! s'écrie la reine en reposant son arc.

— Je suis bien d'accord, approuve la princesse en souriant.

Elle entraîne sa mère à l'écurie et, bientôt, elles galopent à travers la campagne. Alors qu'elles passent près d'un arbre gigantesque, Elinor demande à sa fille de s'arrêter.

— As-tu une histoire à raconter à son sujet ? l'interroge Merida avec malice.

— C'est un sorbier, précise la reine. On raconte qu'il est le Seigneur de la Montagne et qu'il nous protège des mauvais esprits.

D'un geste, Merida l'interrompt. Une grosse créature remue dans les arbustes tout près d'elles !

Mais au lieu d'un monstre, ce sont trois petits triplés qui arrivent sur le dos d'une chèvre.

— Harris, Hubert et Hamish ! s'exclame la reine en reconnaissant ses fils. Que faites-vous ici ? Vous devriez être au château !

Finalement, les garçons se joignent à elles, et ils continuent leur expédition jusqu'à un ruisseau. Après s'être désaltérés, Merida et ses frères pataugent joyeusement. La reine finit même par les rejoindre dans l'eau et joue à éclabousser ses enfants ! **Ils passent l'après-midi à rire et s'amuser.**

Lorsque la nuit tombe, il est temps de rentrer. En chemin, ils aperçoivent des lumières qui flottent.

— Ce sont des lucioles, on raconte qu'elles sont les messagères des fées, révèle Elinor. Nous pouvons leur confier nos souhaits.

Pendant que les garçonnets tentent d'attraper les insectes, mère et fille leur chuchotent leurs vœux les plus secrets. Une fois au château, Merida pose une question à Elinor :

— Qu'as-tu demandé aux lucioles ?

— Je ne peux pas révéler mon souhait, sinon il ne se réalisera pas, esquive la reine.

— Je n'y crois pas ! répond la jeune princesse en haussant les épaules. Pour ma part, j'ai demandé **qu'on passe davantage de journées comme celle-ci.**

— Moi aussi, murmure Elinor en serrant sa fille dans ses bras.

Merida sourit. Voilà un vœu qui va se réaliser !

CARS 3

La passion de la course

À Radiator Springs, Flash McQueen entraîne Cruz Ramirez, son ancienne coach. En effet, maintenant qu'elle a remporté sa première course, elle doit se préparer pour les futures compétitions.

Flash sait que son amie a toutes les qualités d'une voiture de course. Son seul souci, c'est qu'elle manque de confiance en elle.

— **Cruz, tu dois croire en toi,** la rassure-t-il. C'est le secret de la victoire.

— Non, j'ai surtout besoin de m'entraîner encore et encore. Je dois être parfaite sur le circuit !

Plus tard, Sally rejoint son amoureux, pendant que la voiture jaune enchaîne les tours de piste.

— Elle doute beaucoup trop d'elle-même, explique Flash à Sally.

— Toi, c'était tout le contraire ! le taquine-t-elle.

Le bolide rouge se souvient alors de Doc, son mentor. Il lui a appris à devenir un champion en vivant d'abord la passion de la course, avant de chercher à remporter la victoire.

— Cruz, Sally, venez avec moi ! s'écrie-t-il.

Il les conduit au musée consacré à Doc, alias Hudson Hornet, le célèbre champion.

— Il m'a enseigné que les trophées ne sont pas le plus important, explique Flash à Cruz. **Ce qui compte, c'est ce que tu ressens sur le circuit.**

— Tu as raison, Flash, admet la voiture jaune. J'étais tellement focalisée sur mes erreurs que j'ai oublié à quel point j'aime rouler...

Sur le retour, Cruz négocie chaque virage avec aisance.

Après cette balade, la jeune voiture de course a repris confiance en elle.

Le lendemain matin, en se réveillant à son hôtel, elle trouve un mot de Flash : « Rendez-vous chez Flo. » Cruz se rend immédiatement dans le café du centre-ville, où elle retrouve Flash et Sally.

— Je ne devrais pas plutôt m'entraîner ? s'étonne-t-elle.

— Savoure d'abord une canette d'huile avec nous, lui propose son entraîneur.

Cruz passe un si bon moment qu'elle comprend **l'importance de prendre du temps pour soi** et pour ses amis. C'est pourquoi elle roule ensuite chez Guido et Luigi pour se faire équiper de nouveaux pneus.

Quand elle reprend son entraînement, elle est émue de découvrir que tous les habitants de Radiator Springs sont venus l'encourager.

— À nous deux, McQueen ! s'écrie joyeusement la voiture jaune, sur la ligne de départ.

Les deux bolides s'élancent sur la piste. Et, à l'approche du premier virage, Flash crie à Cruz :

— N'oublie pas que tu en es capable...

— ... et je laisse mes pneus faire le reste ! ajoute-t-elle.

Cruz accélère, négocie parfaitement le virage, puis elle freine sous les applaudissements de ses amis.

— Merci, Flash, lui dit Cruz. Maintenant, j'ai tout ce qu'il faut pour gagner !

DINOCO
51
DINOCO
Medicated
Rust-eze
Bumper Ointment
Rear End Formula
95
Rust-eze

ALICE AU PAYS DES MERVEILLES

Le goûter de la Reine de Cœur

Par une belle journée au Pays des Merveilles, Alice profite du jardin. Soudain, elle voit le Lapin Blanc passer devant elle en courant.
— Tout va bien ? lui demande-t-elle.
— Non ! La Reine de Cœur a faim. Si je ne lui trouve pas rapidement quelque chose de bon à manger, elle me coupera la tête.
— Je vais vous aider ! propose Alice au Lapin.
Soudain, elle s'arrête devant un buisson :
— Oh, regardez ces pâtisseries ! **N'ont-elles pas l'air délicieuses ?**
La jeune fille en cueille une, puis ils se rendent au palais en toute hâte.
— Enfin, te voilà ! hurle la Reine de Cœur en voyant son serviteur.
— Votre Majesté, nous vous avons apporté un cupcake, intervient Alice.
Mais, avant que la Reine ne puisse en mordre une bouchée, le gâteau se met à bouger, laissant apparaître deux ailes. Puis il s'envole. Ce n'était pas du tout une pâtisserie, mais un oiseau !
Le duo part en courant du palais, à la recherche d'un dessert de remplacement. En chemin, ils rencontrent le Chat de Cheshire.
— Nous devons trouver un goûter pour la Reine, explique la fillette.
— Prenez donc ces baies rouges, suggère l'animal rose à rayures.

Ils rapportent donc les friandises au château. La souveraine ne fait qu'une bouchée des baies. Mais soudain ses doigts, ses mains et même ses bras deviennent bleus !
— Qu'avez-vous fait ? hurle-t-elle.
Alice et le Lapin Blanc s'enfuient de nouveau ! Cette fois, ils croisent la route de Tweedledee et Tweedledum.
— Pourriez-vous nous donner l'une de vos sucettes ? C'est pour Sa Majesté, explique Alice.
— Si c'est pour la Reine, nous ne pouvons pas refuser, répond Tweedledum.
Ils se dépêchent d'apporter la confiserie rouge au palais. Mais à peine a-t-elle goûté la sucette que la Reine devient toute rouge.
— Ça brûle ! hurle-t-elle.
— Cette fois, dit Alice, je vais chez le Chapelier.
Quand elle arrive, ce dernier est en train de servir le thé au Lièvre de Mars.
— Excusez-moi, les interrompt la fillette, mais j'ai besoin d'aide. Le Lapin Blanc et moi cherchons un goûter idéal pour Son Altesse royale.
Le Chapelier Fou lui tend un biscuit.
— Voici ce dont Sa Majesté a besoin, promet-il.
Sans attendre, Alice et le Lapin Blanc apportent le biscuit à la Reine de Cœur, qui en croque une bouchée. Aussitôt, elle se met à rétrécir et devient aussi petite que le biscuit.
— Qu'on leur coupe la tête ! hurle-t-elle.
Mais sa voix est si faible et si aiguë que personne ne l'entend. Les deux compagnons quittent le palais en vitesse.
— Le Chapelier Fou avait raison, glousse Alice. Ce biscuit est exactement ce dont la Reine avait besoin !

RATATOUILLE

Un délicieux duo

Ce matin, Linguini a l'air préoccupé.
— C'est l'anniversaire de Colette, explique-t-il, et je ne sais pas quoi lui offrir.
« Pourquoi pas un bon repas ? », pense Rémy. Pour inspirer son camarade, il laisse tomber son livre de recettes.
— Oh ! s'exclame Linguini. Ce livre me donne une idée : je pourrais lui préparer un bon petit dîner aux chandelles !
Le cuisinier choisit une recette de pâtes aux fruits de mer. Rémy commence à rassembler les ingrédients et Linguini dresse la liste de ce qui manque. Ensuite, il faut faire les courses.
— Merci pour ton aide, Rémy, sourit le jeune homme. Mais comme c'est mon cadeau pour Colette, je préfère y aller seul.
Le jeune chef consulte sa liste en soupirant : il a besoin de tant d'ingrédients ! Pour aller plus vite, il choisit de la sauce toute prête et des légumes prédécoupés. Puis il achète un homard.
Rémy est très surpris de voir que son ami n'a pas suivi la liste ! Mais il sait qu'un vrai chef peut préparer un bon repas à partir de n'importe quels ingrédients. Il se met donc au travail.
— Que fais-tu ? s'étonne Linguini. Je m'occupe de tout ! Va donc te reposer un peu.

Même si le jeune homme fait de son mieux, c'est une catastrophe : le pain brûle et le homard ne cuit pas.
Juste au moment où Linguini pensait que ça ne pourrait pas être pire, la sauce déborde en éclaboussant toute la cuisine ! Le jeune homme est découragé, et Rémy arrive aussitôt à son secours.
— Je voulais préparer ce cadeau tout seul, explique Linguini, mais ce serait mieux de le faire ensemble. Colette mérite le meilleur, en particulier le jour de son anniversaire.
D'abord, les deux cuisiniers remettent le homard dans son aquarium. Rémy essaie ensuite de sauver ce qu'il peut de la sauce et des ingrédients que Linguini a achetés. Enfin, il feuillette le livre à la recherche d'une nouvelle recette.
Après ça, le rat saute sur la tête de son ami et ils se mettent tous les deux au travail pour préparer des pâtes, accompagnées d'une sauce aux petits légumes.
— Ça va être délicieux ! se réjouit Linguini.
Au moment même où ils finissent de cuisiner, Colette arrive au restaurant. Le jeune homme la conduit à une table, sur laquelle Rémy a dressé le couvert et déposé des fleurs.
— Linguinis à la Linguini ! annonce-t-il fièrement.
— Comme ça sent bon, s'exclame Colette en souriant. Mais, comment as-tu deviné que ce sont mes pâtes préférées ?
Le jeune chef adresse un clin d'œil à Rémy.
— Je dois avouer que j'ai été un peu aidé. Joyeux anniversaire, Colette ! Et bon appétit !

© Disney/Pixar

VAIANA

Cache-cache dans la jungle

Comme chaque jour, Vaiana traverse le village de Motunui en saluant tous ceux qu'elle croise.

— Nous manquons de cannes à sucre pour cuisiner ! se plaint l'une des habitantes.

— Dans ce cas, je vais aller en couper pour vous, offre la jeune fille.

— Vaiana, on peut venir avec toi ? lui demande la petite Fetuao.

— En route ! annonce la princesse. On doit rester groupés. L'île est grande et je ne veux pas vous perdre. Si jamais cela vous arrive, surtout ne bougez pas, et attendez que je vienne vous chercher.

Alors qu'ils s'enfoncent dans la forêt, Laumei, un garçon, pose une question à Vaiana :

— Comment arrives-tu à retrouver ton chemin sur l'île ?

— Tout en avançant, je cherche des repères visuels et je les mémorise, explique-t-elle. Par exemple, ce rocher me fait penser à Pua, mon cochon domestique !

Bientôt, le groupe atteint un petit bosquet.

— Jouons à cache-cache ! propose Fetuao. Vaiana ferme les yeux et commence à compter pendant que les enfants se dispersent en courant. Le petit Toa part lui aussi à la recherche d'une cachette quand, soudain, il aperçoit un superbe oiseau coloré. Fasciné, le garçon en oublie le jeu et se met à le suivre.

De son côté, Vaiana cherche les enfants, qu'elle trouve les uns après les autres.

Cependant, elle a beau chercher, Toa demeure introuvable.

— Tu as gagné ! crie la jeune fille, espérant attirer le garçon. Tu peux sortir maintenant !

Malheureusement, personne ne lui répond.

— Il est peut-être caché près d'un des points de repère, réfléchit-elle à voix haute.

De son côté, Toa a pisté l'oiseau jusqu'à son nid. Il se retourne pour le montrer à ses amis, avant de s'apercevoir qu'il est seul. Oh, non ! Il s'est perdu ! Il s'apprête à pleurer lorsqu'il se souvient des paroles de Vaiana. Alors, le garçon s'assoit sur un rocher en attendant qu'on le trouve.

Pendant ce temps, la jeune fille et les enfants sont revenus près du point de repère qui ressemble à Pua. Vaiana remarque alors des plumes bleues dispersées sur le sol.

— Elles n'étaient pas là tout à l'heure, remarque-t-elle. Suivons-les !

Enfin, le groupe atteint la clairière où les attend leur ami. Tout le monde est soulagé de le voir sain et sauf ! Non loin de là, la princesse aperçoit un champ de cannes à sucre.

— Grâce à toi, Toa, nous avons trouvé ce que nous cherchions !

Ils n'ont plus qu'à rapporter des morceaux de cannes à sucre à Motunui. La journée s'achève, et Vaiana salue enfin les enfants qui l'ont accompagnée.

— Quand je serai grand, je veux être comme toi, affirme Toa en la serrant contre lui.

— Comme dit Grand-Mère Tala, tu pourras être tout ce que tu voudras !

LE LIVRE DE LA JUNGLE

Les ombres de la nuit

Au cœur de la jungle, le Colonel Hathi dirige la patrouille des éléphants. Alors qu'il passe près d'un arbre, sa trompe le chatouille.
— Atchoum ! éternue-t-il violemment.
Déséquilibré, il bouscule l'éléphant derrière lui, qui tombe à son tour en arrière. Les animaux se percutent les uns après les autres jusqu'à faire basculer Junior, le fis du Colonel, qui atterrit dans un trou.
L'éléphanteau se retrouve coincé au fond d'une grotte sombre, et il a bien trop peur pour oser emprunter l'un des tunnels qui l'entourent.
— Au secours ! hurle-t-il.
Hélas, le reste du troupeau n'a pas remarqué son absence et s'est déjà éloigné.
Ses cris parviennent aux oreilles de Shere Khan et de trois singes qui s'apprêtent à intervenir, mais se figent en voyant le prédateur s'approcher.
— Mieux vaut filer au plus vite, chuchote un des babouins à ses compagnons.
Dans leur fuite, ils croisent Mowgli et Baloo.
— Nous avons failli croiser la route de Shere Khan ! Heureusement, il était attiré par les cris de détresse d'un éléphanteau, il ne nous a pas vus.
— Oh, non ! Le fils du Colonel Hathi a des ennuis ! s'affole le garçon.
Les singes leur indiquent la direction à suivre, et les deux amis se précipitent **au secours de Junior.**

Pendant ce temps, le petit éléphant tente de se rassurer.
— Papa va venir me chercher, se répète-t-il.
Soudain, deux yeux jaunes apparaissent au fond d'un tunnel. Paralysé par la terreur, Junior voit le prédateur s'approcher de lui.
— Bonsoir, susurre le tigre.
De leur côté, Mowgli et Baloo ont trouvé l'une des entrées de la grotte.
Les rayons du soleil couchant donnent une idée au petit garçon...
— Baloo, j'ai un plan et je vais avoir besoin de ton aide, dit-il.
Dans la grotte, le redoutable tigre s'apprête à dévorer l'éléphanteau.
À cet instant, des ombres gigantesques sont projetées autour d'eux.
— Des hommes avec des torches ! crie le tigre.
La seule chose au monde que craint Shere Khan, c'est le feu. Pris de panique, il détale hors de la grotte, sans remarquer le duo plaqué contre la paroi du tunnel. Les deux amis se précipitent ensuite auprès de Junior.
— Je suis tellement content de vous voir ! se réjouit-il. Où sont les hommes avec leurs torches ?
— C'était nous ! révèle Mowgli.
— Un petit tour de magie très simple avec des feuilles et les rayons du soleil, ajoute Baloo.
Accompagné par ses camarades, l'éléphanteau retrouve enfin la patrouille de son père.
— Où étais-tu passé ? s'alarme le Colonel Hathi.
— Je suis tombé dans une grotte et Shere Khan a failli me manger, mais heureusement, Mowgli et Baloo m'ont sauvé !

PETER PAN

Une aventure pour Wendy

Avant de s'endormir, Peter Pan et les Garçons Perdus adorent écouter les histoires que leur raconte Wendy. Mais ce soir, ils bâillent d'ennui. Ils ont déjà entendu tous ces récits plusieurs fois, et ils en veulent un autre ! Comme ses histoires parlent toutes de Peter, la jeune fille se dit qu'elle a besoin de vivre une nouvelle aventure avec lui.
Ainsi, le lendemain, Wendy se lève tôt pour accompagner le garçon… mais il est déjà parti avec Clochette !
La jeune fille décide de les suivre et prend un raccourci en passant par la jungle. Soudain, elle aperçoit une petite famille d'orangs-outans bondissant de branche en branche.
Sans attendre, elle les rejoint dans les arbres pour s'amuser avec eux.
— J'aimerais rester avec vous toute la journée, leur avoue-t-elle. Mais **je veux vivre une grande aventure.**
En arrivant au Lagon des Sirènes, l'exploratrice entend un appel à l'aide. Elle aperçoit une sirène coincée dans un filet de pêche. Sans hésiter, Wendy plonge à l'eau, nage jusqu'à la créature et la délivre du filet.
Toutes deux s'éclaboussent en riant aux éclats.
— Comme c'est agréable, soupire la jeune fille après s'être baignée un long moment. Cela faisait longtemps que je ne m'étais pas autant amusée !

Mais la conteuse n'a pas encore trouvé d'histoire digne d'être racontée aux enfants, à son retour. Aussi, elle se sépare de la sirène et poursuit sa promenade le long de la côte.
C'est alors que, un peu plus loin, elle voit Monsieur Mouche essayer de voler une barque amarrée au quai.
— Laissez ce bateau, c'est celui des Garçons Perdus, l'interpelle Wendy.
Le pirate la provoque en souriant :
— Si tu veux m'en empêcher, il faudra gagner en duel contre moi, la nargue-t-il.
Wendy s'arme d'un parapluie, Mouche d'une épée en bois, et c'est le combat ! Grâce à ce que lui a appris Peter, la jeune fille remporte la victoire et le bateau.
Malheureusement, il est déjà temps pour elle de rentrer. Découragée et déçue, elle retourne à l'Arbre du Pendu, leur repaire secret.
Le soir, quand les Garçons Perdus se réunissent autour d'elle, Wendy s'excuse :
— Je suis vraiment désolée. Je voulais vivre une merveilleuse épopée aujourd'hui, mais cela a été bien plus difficile que je ne le pensais. J'ai rencontré plein d'obstacles !
La jeune fille raconte alors la balade dans les arbres avec les orangs-outans, le sauvetage de la sirène et le duel avec Mouche. Les Garçons Perdus sont captivés.
— Wendy, quelle journée passionnante tu as passée ! s'écrie Peter.
Tous les enfants acquiescent : c'est de loin la meilleure histoire qu'ils aient jamais entendue. La conteuse est ravie. Vivement sa prochaine aventure !

LA BELLE ET LA BÊTE

L'histoire du soir

Au château de la Bête, Belle observe la neige tomber depuis sa fenêtre. La première fois qu'elle a rencontré le maître des lieux, il lui a fait très peur. Mais maintenant, elle sait qu'il est un être doux et attentionné.

À travers la vitre, elle l'aperçoit qui conduit Philibert à l'écurie. Au passage, il donne au cheval une caresse maladroite. Belle sourit : sous ses airs bougons, son ami cache un cœur d'or.

Après le dîner, Zip, la petite tasse enchantée, retrouve son amie dans la bibliothèque. Depuis que la jeune fille vit au château, elle lit tous les soirs une histoire à Zip avant qu'il aille se coucher. **Il adore ce moment,** et il n'est pas le seul : sa mère, Madame Samovar, Lumière et Big Ben ne manqueraient cette tradition pour rien au monde !

Comme toujours, Belle s'installe dans son fauteuil préféré, celui juste à côté de la cheminée, dans la bibliothèque.

— J'ai pensé que nous pourrions lire un passage de cet ouvrage, suggère Big Ben. Il s'agit de *L'Histoire des casques à travers les âges.*

— Quel ennui ! proteste Lumière. C'est de l'action qu'il nous faut, de l'amour !

— Et des monstres qui font très peur, ajoute Zip.

— Non, mon chéri, rien d'effrayant avant d'aller au lit, intervient Madame Samovar.

— J'ai une idée, propose Belle. Puisque personne n'est d'accord, nous allons inventer nous-mêmes une histoire ! Je commence : *Il était une fois un noble chevalier, le seigneur Allard. Il était d'un grand courage et se déplaçait toujours sur son fidèle destrier...*

— Est-ce qu'il va combattre de méchants dragons ? s'impatiente Zip.

— À toi de nous le dire, le défie Belle en souriant.

— *Le courage du seigneur Allard était devenu légendaire, car il avait combattu de nombreux monstres !* enchaîne alors Zip avec passion. *Après avoir accompli ses exploits, il rentrait dans son grand château.*

— Absolument, reprend Big Ben, notons d'ailleurs que son palais était un magnifique exemple d'architecture concentrique, qui...

— On a compris, le coupe Lumière. *Un jour, notre chevalier entendit parler d'un dragon d'une férocité sans pareille. N'écoutant que son courage, il enfourcha son cheval et s'élança dans une forêt enchantée.*

— *Lorsqu'il vit son ennemi,* continue Madame Samovar, *il fut frappé par la tristesse qui émanait de la créature.*

À l'entrée de la pièce, la Bête a tout écouté.

— Voudriez-vous terminer l'histoire ? lui propose Belle.

— Eh bien, fait timidement la Bête, ***le dragon était malheureux parce qu'il était seul.*** *Le chevalier le comprit. Au lieu de le tuer, il engagea la conversation... et ils devinrent amis.*

Le récit terminé, Belle et ses compagnons applaudissent la Bête : il a trouvé la fin parfaite pour leur histoire !

LÀ-HAUT

Le concours de badges

Ce matin, le chef de campement de Russell annonce qu'un grand concours va avoir lieu : chaque participant devra présenter un exposé. L'adolescent veut absolument gagner pour agrandir **sa collection de badges !** Mais quel sujet choisir pour son projet ?
Il décide de consulter Carl et Doug, qui acceptent volontiers de lui venir en aide. À la bibliothèque, le chien lui montre un livre sur la paléontologie : l'étude des fossiles.
— Je ne peux pas faire des trous dans toute la ville seulement pour ça, se désole Russell.
— Peut-être devrais-tu essayer autre chose ? suggère le vieil homme.
Bien décidé à gagner le concours, le garçon cherche un nouveau sujet d'étude. L'astronomie ? Il n'a pas le temps d'observer les étoiles, ni l'argent nécessaire pour acheter un télescope. L'agriculture ? Il ne peut pas élever du bétail dans la ville et Doug a mangé toutes ses graines... Construire un robot ? Impossible, tous les livres sur cette thématique ont déjà été empruntés à la bibliothèque. Ou bien alors mener des enquêtes ? Cela pourrait être très excitant, mais ils n'ont aucun mystère à élucider.
Devant les difficultés rencontrées par son ami, Carl tente de le réconforter...

— Peut-être qu'aucune de ces thématiques ne te plaît suffisamment. Pense à un concept sur lequel tu voudrais vraiment en apprendre plus.
Russell réfléchit tout en croquant dans sa barre de chocolat.
— Ça ! s'écrie soudain Carl en pointant du doigt la sucrerie. Nous sommes sûrs que ça t'intéresse vraiment.
— Génial ! Le chocolat, **c'est ce que j'aime le plus au monde !** s'enthousiasme l'adolescent.
Le lendemain, Carl conduit Russell chez Roger, son ami pâtissier. À partir de ce jour-là, chaque matin, l'expert dévoile à l'adolescent les secrets du chocolat.
Tout commence avec des fèves de cacao, qu'il faut faire griller, puis écraser. Elles sont ensuite mélangées à du sucre, de la vanille et du miel.
Russell fabrique d'abord son propre chocolat. Puis il s'amuse encore plus en concoctant des desserts comme des tartes au chocolat et des cupcakes avec un glaçage au cacao.
Le jour du concours est enfin arrivé !
Les explorateurs proposent des exposés sur le travail du bois, les montagnes russes, le tournage d'un film et même l'observation des hiboux pendant la nuit.
Le chef de campement observe attentivement tous les stands avant d'annoncer le vainqueur :
— Les montagnes russes !
Carl félicite Russell malgré tout :
— Je suis fier de toi.
— Je ne suis pas déçu de ne pas avoir gagné, avoue le garçon, car j'ai appris plein de choses sur un sujet que j'adore. Et en plus, on s'est régalés !

HERCULE

Le labyrinthe du Minotaure

Hadès, le dieu des Enfers, est jaloux d'Hercule, le héros le plus célèbre de Grèce.
— Peine ! Panique ! appelle-t-il ses acolytes, qui accourent aussitôt. J'ai enfin trouvé le moyen de me débarrasser d'Hercule ! Voici ce que vous allez faire...
Les deux serviteurs se rendent auprès de Mégara. Dès que la jeune femme est seule, ils la capturent et l'emmènent, sans qu'Hercule ne s'en aperçoive !
Ce n'est que dans la soirée que le héros s'alarme de son absence. C'est alors que Philoctète, son entraîneur et ami, lui apporte un message : **Meg est prisonnière du Minotaure.**
—Il s'agit d'une créature mi-homme, mi-taureau, qui vit dans un labyrinthe, dont chaque recoin cache un piège, le met en garde Philoctète.
Ignorant les paroles de son entraîneur, le jeune homme se précipite vers le repaire de la bête, sur le dos de Pégase, son cheval ailé.
Dès qu'ils approchent du sol, Hercule descend de sa monture et s'engouffre dans le dédale, à la recherche de sa bien-aimée. Mais à peine a-t-il atteint le premier croisement qu'un lézard géant l'attaque. Rapide, le brave héros attrape le reptile et le jette derrière lui.

Quelques mètres plus loin, le jeune homme se retrouve nez à nez avec le Minotaure !
Le monstre fonce vers lui et, lorsqu'il arrive à sa portée, le héros empoigne les cornes de la créature et saute par-dessus son dos. Il parvient ainsi à lui échapper de justesse !
— Au secours ! appelle soudain Mégara.
La voix de la jeune femme résonne fort dans le labyrinthe, impossible pour le héros de la localiser. Il décide alors d'escalader un mur et de tenter de la repérer d'en haut.
— Va-t'en, espèce de brute ! crie Meg.
Cette fois-ci, elle est tout près ! Hercule casse le mur et découvre la jeune femme, qui fait face au Minotaure.
« Je ne peux pas me servir de ma force, je risquerais de la blesser, analyse-t-il. Comment attirer un taureau ? »
Vite, il décide d'enlever sa cape et l'agite devant la créature, à travers le trou. Intrigué, le monstre se détourne de Mégara et fixe le tissu. Agacé par le mouvement, il charge en direction d'Hercule, qui se trouve toujours de l'autre côté. Lorsque le Minotaure heurte le mur, ses cornes s'enfoncent dans la pierre et y restent coincées.
Maintenant que la créature est immobilisée, **le jeune homme n'a plus qu'à rejoindre Mégara.** Les amoureux se fraient un chemin jusqu'à la sortie, guidés par les hennissements de Pégase. Lorsqu'ils s'envolent loin du repaire de la bête, ils s'aperçoivent qu'un incendie s'est déclaré dans le labyrinthe.
Fou de rage, Hadès a tout enflammé, car, une fois de plus, Hercule s'en est sorti indemne !

MINNIE

Le voleur de jonquilles

Daisy se rend chez Minnie pour l'aider à jardiner.
— Où sont donc passées mes jonquilles ? s'écrie Minnie devant son massif dévasté.
— Quelqu'un a dû les voler, devine sa camarade en retirant quelques poils blancs d'un buisson.
— Ça pourrait appartenir au voleur comme à Figaro, soupire Minnie.
Tout à coup, on sonne à la porte. C'est Mickey, qui est venu lui apporter **un gros bouquet de jonquilles.**
— Comment as-tu osé ? s'indigne Minnie. Tu cueilles toutes mes jonquilles et ensuite, tu viens me les offrir ?
— Mais non, tu te trompes, bredouille Mickey. Regarde le ruban, j'ai acheté ce bouquet chez le fleuriste.
Soulagée, elle le remercie et met les fleurs dans un vase, avec de l'eau.
— Je vais vous aider à trouver le voleur, décide Mickey.
Ensemble, le trio se met à explorer les environs à la recherche d'indices supplémentaires. Quand ils croisent Dingo, les enquêteurs remarquent tous qu'il porte une jonquille à la boutonnière.
— Je l'ai achetée à Monsieur Power, l'épicier du coin, leur apprend leur ami. Aujourd'hui, il en a plein son magasin.

Vite, Minnie entraîne tout le monde vers la boutique. À travers la vitrine, elle le voit préparer de beaux bouquets, à l'aide de jonquilles fraîchement cueillies.
— Il a du toupet de vendre des fleurs qui ne sont pas à lui ! s'exclame-t-elle.
Furieuse, elle fait alors irruption dans le magasin.
— Monsieur Power, où avez-vous trouvé toutes ces jonquilles ? le questionne-t-elle.
— À la ferme de Madame Pote, déclare-t-il. Ce matin, elle m'a livré des dizaines de fleurs.
De plus en plus perplexes, Minnie, Daisy, Mickey et Dingo se rendent chez la fermière.
— Oh, oui ! j'avais beaucoup de jonquilles à vendre, leur raconte-t-elle. Habituellement, c'est ma chèvre, Fleur, qui les broute. Mais il faut croire qu'aujourd'hui, elle n'avait pas faim.
La fermière les mène jusqu'à l'enclos... vide !
— Fleur s'est échappée ! s'affole-t-elle. Où a-t-elle bien pu aller ?
— Il y a un trou dans la clôture, remarque Mickey.
— Le mystère s'épaissit, se désole Daisy. Nous avons maintenant deux disparitions à élucider !
— Je pense que les deux sont liées, sourit Minnie. À mon avis, le voleur de jonquilles est une voleuse, et elle aime manger les fleurs...
— Oui, tu as raison ! Il y a aussi les poils blancs que nous avions trouvés, ajoute Daisy.
— Et des empreintes sur le sol, complète Minnie.
En suivant les traces de sabot dans la terre, elle guide le petit groupe jusqu'au jardin de Daisy. Là, ils surprennent Fleur qui grignote toutes les jonquilles.
— On a retrouvé notre voleuse ! triomphe Minnie, avec un grand sourire.

© Disney

LA REINE DES NEIGES II

Olaf aime les livres

Ce jour-là, Anna et Olaf traversent les rues, les bras chargés de livres, car ils se dirigent vers la bibliothèque d'Arendelle. Mais à leur arrivée, Oddvar, le bibliothécaire, s'apprête à fermer. Il part rendre visite à sa famille pendant quelques jours. Cette nouvelle attriste Anna : elle a du mal à imaginer le village sans sa bibliothèque.

— Est-il possible que quelqu'un vous remplace le temps de vos vacances ? propose-t-elle à Oddvar.

— Malheureusement, je n'ai personne en tête, regrette le bibliothécaire.

— Je crois que j'ai le candidat idéal pour vous, reprend-elle. Il adore la lecture autant que les câlins, et il saura prendre soin de vos livres.

— Il me semble parfait, admet Oddvar.

— Qui est-ce ? intervient Olaf avec curiosité.

— C'est toi ! s'exclame Anna.

— Moi ? s'étonne le bonhomme de neige. Je pourrai tenir la bibliothèque en votre absence ?

— Entendu, je te confie les lieux, décide Oddvar. Attention, met-il en garde le petit bonhomme de neige, c'est une grande responsabilité : tu devras ranger les ouvrages et accueillir les visiteurs.

— Vous pouvez compter sur moi, lui promet Olaf.

Après avoir chargé ses bagages, le bibliothécaire monte à bord de son chariot. Un claquement de rênes plus tard, il quitte le village.

Le rêve d'Olaf est en train de se réaliser ! Il a la plus grande collection d'ouvrages de tout Arendelle à sa disposition. Mais, par où commencer ? Finalement, Olaf jette son dévolu sur une histoire de dragons.

Il est tellement absorbé par sa lecture qu'il ne remarque pas les enfants d'Arendelle qui l'observent par les fenêtres. Intrigués, ils finissent par entrer.

— Qu'est-ce que tu fais, Olaf ? lui demande un petit garçon. Ça a l'air amusant !

— Je lis, c'est mon passe-temps favori.

Sur ces mots, il tend un livre à chaque enfant. Tous ne tardent pas à lire et à découvrir de nouvelles choses.

Le lendemain, les enfants reviennent et, de jour en jour, les visiteurs sont toujours plus nombreux. Anna est très étonnée de voir la bibliothèque du village aussi fréquentée !

— Qu'en penses-tu ? lui demande Olaf.

En effet, il a réorganisé tout l'espace : il a rangé les livres par couleur et les a empilés de manière originale.

À son retour, Oddvar a du mal à reconnaître les lieux.

— Olaf, c'est fabuleux ! s'émerveille-t-il en le serrant contre lui. Merci, je n'avais jamais accueilli autant d'enfants dans ma bibliothèque.

Comme le bonhomme a donné le goût de lire à de nombreux habitants, Anna décide de le récompenser. Elle le nomme alors Ambassadeur officiel de la bibliothèque d'Arendelle.

Il pourra ainsi continuer à faire vivre la magie de la lecture !

© Disney

LES INDESTRUCTIBLES 2

Edna fait du babysitting

La styliste Edna Mode garde Jack-Jack, le petit dernier des Indestructibles. Alors que l'enfant se met à flotter dans les airs, elle se demande quels peuvent bien être ses autres pouvoirs. Elle le quitte des yeux un instant et, lorsqu'elle se retourne, il a disparu !

— Je vais devoir équiper ta future combinaison d'un dispositif de pistage, remarque-t-elle.

Mais à peine le retrouve-t-elle que Jack-Jack s'éclipse de nouveau : **il peut traverser les murs !** Edna le cherche partout dans la maison. Elle finit par l'apercevoir près de son laboratoire. Il pointe son doigt vers un élément qui semble l'intriguer.

— Désolée, je suis la seule à pouvoir entrer dans cette pièce, le prévient Edna.

Malin, le bébé modifie aussitôt son apparence pour ressembler à sa babysitter, puis il s'envole afin de placer ses yeux devant le dispositif de reconnaissance faciale. La porte s'ouvre !

Ravi, le petit court examiner les accessoires qu'utilise la créatrice pour concevoir les tenues des Super. Après avoir enfilé un masque et des gants, Jack-Jack se fabrique une cape.

— Jamais de cape sur mes costumes ! s'exclame Edna, horrifiée. Je vais plutôt te faire essayer une combinaison qui a du style.

Mais le bébé l'adore, et il refuse de l'ôter... Contrarié, il se transforme soudain en monstre ! Heureusement, la styliste a l'habitude des sautes d'humeur des Super.

Edna se rend aussi compte qu'il est l'heure du biberon du petit. Pour le calmer, elle essaie de lui faire écouter un morceau de Mozart, et ça fonctionne ! Apaisé par la mélodie, l'enfant retrouve peu à peu son aspect normal.

Arrivée dans la cuisine, Edna met le biberon sur le feu. À la vue de son futur repas, Jack-Jack se multiplie, et il y a maintenant cinq enfants ! Afin qu'il reprenne son apparence, la babysitter décide de remettre un disque de Mozart. C'est encore gagné ! Tous les Jack-Jack se regroupent en un seul bébé avant de regarder le biberon finir de chauffer.

Soudain, inspiré par les flammes de la gazinière, le voilà qui se transforme en torche humaine !

— Téléportation, télékinésie, rayons laser... Il va falloir que je te conçoive un costume adapté à toutes tes facultés, commente-t-elle, admirative devant le petit prodige.

Après le dîner, Edna met l'enfant au lit et lui raconte une histoire.

Le lendemain, quand Bob revient chercher son fils, Edna installe Jack-Jack dans le siège auto :

— Tu es un bébé absolument fabuleux, *darling* ! le salue-t-elle en souriant.

— Merci encore, intervient Bob. J'espère qu'il n'a pas été trop colérique.

— Pas du tout ! Tu peux me le confier quand tu veux...

CENDRILLON

Le bain de Lucifer

Chez sa belle-mère, Madame de Trémaine, comme chaque matin, Cendrillon attend la liste de ses tâches du jour.
— Finis de coudre nos nouvelles robes ! ordonne Anastasie.
— Et ne traîne pas ! la menace Javotte.
— N'oublie pas le reste de ton travail, lui rappelle leur mère. Lessive, couture, ménage, repassage, et bien sûr, assure-toi que... notre cher Lucifer prenne son bain !
À ces mots, le chat de la maison bondit sur ses pattes, outré. Il ne supporte pas le contact de l'eau ! Vite, il se faufile dans le couloir à la recherche d'une cachette.
Dans sa fuite, il aperçoit un gros vase posé sur une table. Il tente de se cacher à l'intérieur, mais il glisse et chute sur le sol avec l'objet.
— Lucifer, fais attention ! le gronde Cendrillon.
Tandis qu'elle se penche pour ramasser le vase, le félin en profite pour détaler.
— Tout va bien, Cendrillon ? lui demandent ses amis, Jac et Gus, en la rejoignant.
— Si Lucifer t'embête, je vais lui régler son compte ! s'emporte l'une des souris.
— Ne t'inquiète pas, le rassure la jeune femme. Il faut que je le rattrape pour lui donner son bain, sinon je vais manquer de temps pour mes autres tâches...

— On va t'aider, propose Jac. Fais ton travail, et nous, on s'occupe de ce vilain matou.
— Merci, vous êtes de vrais amis ! s'écrie Cendrillon.
Lucifer se dissimule dans le seau à charbon au moment où les souris font leur apparition. En les voyant, le chat se prépare à bondir. Mais, dans sa hâte, il se prend la patte dans l'anse du seau, qui se renverse avec fracas.
— Cendrillon, on a trouvé Lucifer ! crie Gus.
Hélas, le matou a de nouveau disparu. Il s'est caché dans l'écurie.
Toutefois, la présence du chat n'a pas échappé à l'autre occupant des lieux : Major, le cheval. Aussitôt, celui-ci hennit pour alerter Cendrillon, obligeant Lucifer à fuir, cette fois en direction de la forêt.
Le chat s'enfonce dans les bois. Quand il s'arrête pour reprendre son souffle, il se rend compte qu'il est allé trop loin et qu'il est perdu...
Le félin décide de rebrousser chemin, mais un violent orage éclate !
Trempé par la pluie, il se réfugie sous un arbre.
Lucifer se sent abandonné de tous, et désespéré...
Soudain, il aperçoit la jeune femme, qui est à sa recherche !
— Cette fois, tu n'échapperas pas au bain ! s'amuse-t-elle en le prenant dans ses bras.
De retour à la maison, elle remercie ses amis. Puis elle fait couler de l'eau. Si Lucifer a retrouvé sa mauvaise humeur, il se laisse quand même laver. Il sait désormais que la pluie et la boue sont bien pires que le bain !

LES 101 DALMATIENS

Détective Lucky

Confortablement installés dans le salon de Roger et d'Anita, quatre-vingt-dix-neuf chiots dalmatiens écoutent le conte du soir que leur raconte Nanny.

Parmi eux se trouve Lucky, un des petits de Pongo et Perdita, qui adore les histoires de la gouvernante, surtout quand elles parlent d'enquêtes policières !

Les chiots s'endorment ensuite rapidement, sauf Lucky. Il songe à toutes les affaires incroyables qu'il pourrait résoudre, s'il était détective...

Soudain, il se redresse dans son panier, les sens en alerte. Cric, couic, bang !

Des bruits étranges proviennent de l'extérieur. **Voilà un mystère à élucider !**

Aussitôt, Lucky se faufile hors de la maison, et commence par renifler le sol à la recherche d'indices. Il y a tellement d'odeurs intéressantes ! Le chiot court en tous sens et finit par s'enfoncer dans le petit bois : il a trouvé quelque chose !

Sa queue remue, tandis qu'il traque l'odeur près d'un tronc creux. Lucky y plonge la tête... et aperçoit deux yeux qui le fixent en retour. En poussant un jappement de frayeur, il s'enfuit aussi vite qu'il le peut.

Hou-hou-hou ! Voilà que des sons terrifiants retentissent partout dans la forêt. C'en est trop pour le petit détective, qui détale à toutes pattes !

Lorsqu'il s'arrête pour reprendre son souffle, il ne reconnaît plus l'endroit où il se trouve.

Affolé, il se remet à courir et heurte de plein fouet un monstre couvert de fourrure.

— Lucky ! Qu'est-ce que tu fais ici ? demande la bête.

Celui que le dalmatien a pris pour un horrible monstre n'est autre que le Sergent Tibs, le chat qui a aidé Pongo et Perdita à triompher de la méchante Cruella.

— Je suis content de te voir, gémit Lucky. Je suis perdu et je ne sais plus comment rentrer...

Tibs le conduit auprès de son ami le Colonel.

— Je vais lancer l'appel de minuit, annonce ce dernier. Tous les chiens du coin vont le relayer.

Bientôt, les aboiements résonnent dans la nuit, jusqu'à atteindre les oreilles de Pongo.

— Oh ! Un des petits s'est perdu, murmure-t-il à Perdita.

Il sort de la maison et aboie à son tour.

— C'est mon papa ! s'écrie alors Lucky en le reconnaissant.

— Suis bien sa voix, lui conseille le Colonel.

Le chiot s'exécute et retrouve le chemin de la maison. En entrant dans le jardin, il comprend que les bruits étranges n'étaient que le vent faisant grincer le portail !

— Lucky, où étais-tu ? l'interroge Pongo, inquiet.

— Papa, j'ai réussi à résoudre un vrai mystère, comme un détective !

Après toutes ces aventures, Lucky est heureux de se blottir bien au chaud dans son panier.

Tout à coup, ses oreilles se dressent. Coaaa ! Coaaa ! Une nouvelle affaire l'attend...

ENCANTO

Le mystère de la forêt

Les Madrigal habitent dans un endroit magique appelé l'Encanto. **Au sein de leur famille, tout le monde possède des pouvoirs.**

Pepa Madrigal peut influencer la météo selon son humeur. Et, depuis que sa fille Dolores s'est fiancée, le temps est devenu bien imprévisible ! Chaque fois que Pepa pense à l'organisation de la réception, l'orage gronde.

— *Mi amor*, je sais que tu te fais du souci, mais tout se passera bien, la rassure Felix, son mari.

— Tu n'en sais rien, gémit Pepa. Tu ne peux pas prédire l'avenir !

— Tío Bruno le peut, lui ! affirme leur fils, Camilo.

— Bonne idée, approuve sa mère. Demandons-lui son aide.

Oncle Bruno accepte d'invoquer une vision. Malheureusement, elle ne révèle rien à propos du mariage. À la place, elle dévoile l'Encanto, mais les arbres sont tombés, les fleurs sont fanées et le sol est desséché !

— Sais-tu ce qu'il s'est passé ? s'affole Abuela, la grand-mère, en apprenant la nouvelle.

— Désolée, j'aperçois seulement une orchidée, la *flor de Mayo*, répond Bruno.

Inquiète, Abuela réunit alors toute sa famille pour l'alerter de ce danger qui les menace. Au même moment, Pico, le fidèle toucan d'Antonio, se perche sur l'épaule de ce dernier, capable de communiquer avec les animaux.

— Je sais comment tout arranger ! annonce-t-il. Il me suffit d'aller dans la forêt tropicale.

Antonio se met en route, accompagné de Pico et de ses autres compagnons animaux. En arrivant près de la rivière, il constate que l'oiseau a dit vrai : elle est complètement asséchée. Comment est-ce possible ?

Un capybara attire alors son attention et désigne une magnifique orchidée, qui pousse en haut d'un arbre, au-dessus de la cascade.

— On dirait la même fleur que dans la vision de Tío Bruno ! s'exclame Antonio.

Il se tourne ensuite vers les trois oiseaux qui l'accompagnent :

— Pouvez-vous aller l'examiner de plus près ?

Les volatiles vont vite se poser près de la fleur. De là-haut, ils aperçoivent un arbre gigantesque, couché en travers du cours d'eau, bloquant la cascade.

Une fois prévenu, le garçon utilise son pouvoir pour appeler d'autres animaux à la rescousse. Ils joignent ensuite leurs forces pour dégager l'accès de la cascade. Quand ils ont terminé, l'eau recommence à couler.

Antonio se dépêche de rentrer à l'Encanto.

— La rivière coule à nouveau ! annonce-t-il à sa famille, en arrivant.

— Excellent travail, le félicite Abuela.

— Nous sommes fiers de toi, Antonio, lui confie sa cousine Mirabel. **Tu nous as aidés grâce à ton pouvoir,** mais aussi grâce à ton courage et à ton amour pour ta famille. Ce sont des dons tout aussi précieux !

VICE-VERSA

Colère et frustration

Ce matin, la journée commence mal pour Riley : on est samedi et son réveil a quand même sonné. Plus tard, dans la salle de bains, les choses ne s'arrangent pas : le dentifrice jaillit du tube pour s'étaler sur le miroir, et les cheveux de Riley sont terriblement emmêlés...

Pour couronner le tout, sa mère lui annonce que Mme Das et son fils, Devan, viennent leur rendre visite. Riley doit jouer avec le garçon, alors qu'elle avait prévu d'aller chez son amie Jada.

— Je lui ai même cuisiné des muffins ! râle l'adolescente.

— Tu pourras la voir après, ma chérie. C'est juste pour une heure ou deux. **J'ai vraiment besoin de ton aide,** insiste sa mère.

— Bon, d'accord..., soupire Riley.

Quelques instants plus tard, Mme Das et son fils sonnent à la porte. Riley et sa mère les accueillent en souriant. Le petit garçon, lui, ne dit pas un mot...

« Ça commence bien ! songe Riley. Essayons quelque chose qui pourrait l'amuser... »

Alors qu'elle installe un jeu de société sur la table, Devan attrape les dés.

— Je suis le plus jeune, c'est moi qui commence.

— Non, rétorque Riley. D'après la règle, nous devons jeter les dés pour tirer au sort celui qui commencera.

— Alors je ne jouerai pas ! boude l'enfant.

« Qu'il est énervant ! », pense très fort Riley.

Quand sa mère revient dans le salon avec son invitée, la jeune fille lui demande discrètement de pouvoir monter dans sa chambre quelques minutes. Là, elle prend un oreiller et hurle de rage dedans ! Une fois calmée, elle redescend l'escalier et rejoint les invités.

Après avoir demandé à la mère de Devan si elle pouvait lui proposer un goûter, Riley tend une banane au jeune garçon.

— Non ! Je voudrais l'un de ces gâteaux, tout là-haut !

— Ah, non, se désole Riley. Je les ai préparés pour une amie.

Furieux, l'enfant se met à hurler en tapant des pieds ! Soudain, l'adolescente se souvient de ses propres colères d'enfant, et ça lui donne une idée.

— Je vais te raconter une histoire, Devan, dit-elle en dessinant des visages sur ses doigts. Celle d'une petite fille très en colère, parce qu'elle n'arrivait pas à patiner. À chaque fois qu'elle tombait, elle s'énervait encore plus, mais ça ne l'aidait pas vraiment !

— Qu'est-ce qu'elle a fait, alors ? s'intéresse le garçon.

Patiemment, Riley utilise ses doigts pour continuer son récit, que Devan écoute jusqu'au bout.

— Tu peux me raconter une autre histoire ? demande-t-il, aussitôt la première terminée.

— À toi de m'en raconter une ! propose la jeune fille. Mais avant, nous allons fabriquer ensemble d'autres marionnettes pour nos doigts.

En voyant les deux enfants s'amuser, la mère de Riley est très fière de sa grande fille.

DUMBO

Le grand jour de Timothée

Ce soir-là, Timothée a la surprise de recevoir une lettre :
« Cher Timothée, nous avons entendu parler dans les journaux de ton numéro avec l'éléphanteau. Nous espérons pouvoir venir voir ton cirque lorsqu'il passera par notre ville, dans quelques jours. Nous t'embrassons. Papa et Maman. »
Le souriceau n'en croit pas ses yeux : **sa famille va lui rendre visite** lors de la prochaine étape du cirque ! Timothée court annoncer la nouvelle à Dumbo.
— Mes parents n'ont jamais vu d'éléphant volant ! s'exclame-t-il, tout excité. Ils vont adorer notre numéro.
Une fois arrivé dans la ville dont il est originaire, le souriceau grimpe dans le chapeau de Dumbo pour la parade. Il espère voir les membres de sa famille dans la foule.
C'est alors que Dumbo éternue : ATCHOUM ! Le petit éléphant recommence encore et encore.
— Oh, non ! se lamente le directeur en voyant Dumbo. Tu ne peux pas faire ton numéro dans cet état. Nous allons devoir annuler le spectacle.
Timothée décide de prendre soin de son ami : il l'allonge sur la paille et lui apporte une soupe bien chaude. Mais Dumbo ne va pas mieux. Le souriceau est très triste. Soudain, il entend une voix familière :
— Cher Timothée, tu es là ! Nous te cherchions partout.

Ses parents, ses frères et ses sœurs sont enfin arrivés ! Ils lui font un gros câlin.
— Je suis désolé, explique-t-il. Dumbo est malade. Vous êtes venus pour rien.
Sa maman secoue la tête avec un sourire.
— Nous sommes avant tout venus pour te voir toi, le rassure-t-elle.
— Nous ne pouvions pas rater l'occasion de te rendre visite, alors que tu passais près de la maison, poursuit son père.
À cet instant, Dumbo sort de sa tente. Il a l'air d'aller beaucoup mieux. Finalement, tout ce que Timothée a fait pour lui l'a aidé à guérir.
Vite, le souriceau s'empresse de présenter sa famille à son ami. L'éléphanteau en est ravi !
— Je vais prévenir le directeur que tu te sens mieux, annonce-t-il ensuite.
Puis Timothée s'adresse à ses parents :
— Attendez-moi là ! J'ai quelque chose à vous montrer.
À la tombée de la nuit, Dumbo se prépare à s'envoler. Comme d'habitude, Timothée grimpe dans le chapeau jaune de l'éléphanteau. Mais, cette fois-ci, les parents du souriceau se tiennent près de lui.
— Cramponnez-vous ! conseille leur fils.
Dans un grand battement d'oreilles, Dumbo décolle et survole la foule. Les spectateurs du cirque acclament l'éléphant volant.
Quant aux parents de Timothée, ils sont enchantés et très fiers de leur enfant.

DUMBO
PRIVATE

RAIPONCE

Au lit, Max !

En se promenant dans la cité de Corona, Raiponce et Eugène, alias Flynn Rider, croisent Maximus, le capitaine de la garde royale. Le cheval est en train de patrouiller dans les rues.
— Ce pauvre Max n'a pas l'air très en forme, constate Flynn.
— Tu as raison, admet Raiponce. Ses yeux sont cernés et sa crinière emmêlée ! Cela ne lui ressemble pas.
Préoccupée par l'état de son ami, la jeune femme va s'entretenir avec un soldat.
— Le capitaine est épuisé, confirme-t-il. Il prend sa fonction tellement à cœur qu'il refuse de se reposer.
Il est temps pour Raiponce et Flynn d'agir. Après avoir mis au point un plan, ils rejoignent le cheval, qui surveille l'entraînement des gardes.
— Max ! l'appelle la princesse, en mimant l'affolement. Pascal a disparu, j'ai peur qu'il ne lui soit arrivé quelque chose. Peux-tu m'aider à le retrouver ?
Comme toujours, l'étalon blond répond présent. Il commence par renifler le sol, traquant l'odeur du caméléon. Malheureusement, ses naseaux ne repèrent aucune piste.
— Il est peut-être resté au château, non ? suggère innocemment Eugène.
En effet, Maximus finit par découvrir Pascal… dans les écuries royales.

Confortablement installé sur un tas de foin, le petit caméléon dort profondément.
— Je ferais bien une sieste, moi aussi, décrète Eugène. Qu'en penses-tu, Max ?
Secouant sa crinière avec agacement, le cheval s'éloigne : il a bien trop de responsabilités pour songer à se reposer.
— Notre petit stratagème n'a pas fonctionné, se désole Raiponce.
— Puisqu'il ne veut pas s'arrêter, nous pourrions l'épuiser jusqu'à ce qu'il tombe de fatigue, propose son ami.
Quelques instants plus tard, ils rattrapent Max.
— Vite ! le supplie la jeune femme. Nous devons aller à la Taverne du Canard Boiteux. Nos amis les brigands ont des ennuis !
Toujours prêt à rendre service, le cheval les prend sur son dos et fonce en direction de l'auberge. Cependant, une fois à l'intérieur, il comprend vite qu'il n'y a rien d'anormal. Il lance alors un regard soupçonneux à Raiponce.
— Oui, c'est vrai, je t'ai menti, reconnaît-elle, mais seulement parce que je suis inquiète pour toi. Tu as besoin de faire une pause.
Puis elle demande à la Main Froide, l'un de ses amis, de l'accompagner au piano. Apaisé par la berceuse, Max sent ses paupières s'alourdir.
Quelques secondes plus tard, il sombre dans un sommeil très profond. Eugène le couvre délicatement, tandis que la jeune femme fait sortir les brigands pour laisser le cheval se reposer.
— Ce n'était pas une tâche facile, mais nous avons réussi, chuchote-t-elle à Eugène, heureuse de voir l'étalon prendre une pause bien méritée !

© Disney

LA BELLE ET LE CLOCHARD

Un sauvetage mouvementé

Ce matin, Lady et Clochard décident de jouer à cache-cache.

— ... huit, neuf, dix ! J'arrive ! crie Clochard.

Après avoir inspecté le jardin, le chien repère des pattes qui dépassent d'un buisson, près de la niche.

— Je vous ai trouvée, Lady ! crie-t-il soudain.

Mais les pattes n'appartiennent pas à la chienne, ce sont celles d'un chaton, qui s'enfuit en courant, effrayé par l'aboiement.

Surpris, Clochard trébuche et atterrit dans un parterre de fleurs.

— Que se passe-t-il ? demande Lady en sortant de derrière la niche, où elle s'était cachée.

Elle voit alors le chaton grimper dans un arbre.

— Le pauvre petit. Vous l'avez effrayé, Clochard.

— C'est plutôt lui qui m'a fait peur ! proteste son ami.

L'animal s'est réfugié sur une branche.

— Descends, lui dit gentiment Lady. Tu risques de tomber.

Mais le chat ne bouge pas. C'est alors que leur ami Jock entre dans le jardin.

Lady lui explique aussitôt la situation.

— J'ai une idée ! s'exclame-t-elle. En formant une pyramide, nous pourrions atteindre le chaton et l'aider à regagner la terre ferme.

Heureusement, César apparaît à son tour et décide de les aider.

Les quatre amis forment donc une pyramide. Mais César est si concentré qu'il ne remarque pas le joli papillon qui vient de se poser sur sa truffe.

Aussitôt, il se met à éternuer, faisant s'écrouler la pyramide.

— ATCHOUM !

— Mais... où est Jock ? s'étonne Lady en se relevant.

— Là-haut ! clame-t-il, suspendu à son tour à une branche. Peut-être pourriez-vous rapidement me rejoindre ? Je ne suis plus tout jeune et je commence à être un peu fatigué.

Sans attendre, Lady grimpe sur le dos de Clochard, qui monte sur celui de César.

Le grand chien surveille désormais le papillon.

— Petit, petit, petit, appelle Jock en direction du chaton, avant de s'arrêter.

— Y a-t-il un problème ? s'inquiète Lady.

— Pas vraiment..., répond Jock. Le chaton n'est plus sur la branche, il est parvenu à redescendre tout seul de l'arbre.

Rassuré, il ronronne et se frotte contre les pattes de Clochard.

— Oh, c'est merveilleux ! s'exclame Lady, soulagée. J'adore les fins heureuses, pas vous ?

Jock et César sont d'accord.

— Pas vous, Clochard ? insiste Lady.

— Oh, si, si ! répond-il. Mais savez-vous ce que j'aime encore plus ?

— Quoi donc ? interroge Lady.

— Jouer à cache-cache ! Hé, le chaton, c'est toi qui comptes ! crie Clochard en filant se cacher.

BAMBI

Une nuit étincelante

À la lumière du soleil couchant, les habitants de la forêt se préparent à aller dormir. Les souris s'installent dans les chardons. Panpan et ses sœurs s'éclaboussent en se lavant et Bambi s'allonge au côté de sa maman.

Seul Maître Hibou suit un rythme différent. Il dort pendant la journée et ne se réveille qu'à la tombée de la nuit. Ce soir-là, à peine a-t-il ouvert les yeux que Panpan se précipite sous son arbre.

— Maître Hibou, racontez-nous une histoire, le presse le petit lapin.

— Pas ce soir, les enfants ! Je ne veux pas manquer la pluie d'étoiles filantes…

— J'aimerais tellement voir ça ! s'écrie le lapin.

— Moi aussi, acquiesce Bambi. Peut-on venir avec vous, s'il vous plaît ?

— Il fait nuit, et la prairie est trop loin, objecte la maman du faon.

— Je pourrai surveiller le jeune prince et Panpan, la rassure Maître Hibou. Ils seront en sécurité avec moi.

Dans l'obscurité grandissante, les deux petits compagnons gambadent gaiement en direction de la prairie, tandis que leur guide vole au-dessus d'eux. Tout à coup, le faon aperçoit une lumière brillante.

— J'ai vu une étoile ! s'exclame-t-il.

— Non, Bambi, c'était seulement une luciole, rectifie l'oiseau nocturne.

Un à un, les insectes éclairent la prairie.

Au bout d'un moment, un mince croissant de lune éclaire la nuit noire. Lorsqu'un éclair brillant illumine le ciel, le lapin bondit d'excitation :

— La première étoile !

Mais ce n'est que le tonnerre : un orage vient d'éclater. Les trois animaux se précipitent dans la forêt pour échapper à la pluie battante. Protégés dans une grotte, ils attendent que l'averse passe. Les petits animaux sont déçus par le ciel couvert.

— On ferait mieux de rentrer, propose tristement Bambi.

— Pas si vite, rétorque leur accompagnateur. Ce n'est qu'un orage d'été, bref et imprévisible. Cela vaut la peine de patienter.

Quelques instants plus tard, la pluie cesse et le vent chasse les nuages qui voilaient le ciel.

— Suivez-moi, lance l'oiseau en entraînant Panpan et Bambi dans la prairie. Le spectacle va commencer !

Soudain, une étincelle de lumière apparaît au-dessus de leur tête, et le faon s'étrangle de surprise. Puis l'astre plonge vers le sol, laissant derrière lui un sillage brillant.

Bientôt, **de nombreuses étoiles traversent le ciel.** Fascinés, les trois amis observent leur passage jusqu'à ce que le ciel redevienne sombre.

— Je veux en voir d'autres ! supplie Panpan.

— Tu en reverras, lui promet Maître Hibou. Mais c'est fini pour ce soir, il est temps de rentrer.

De retour aux côtés de sa maman, Bambi ferme les yeux. Derrière ses paupières, il continue à admirer les vives lueurs des étoiles filantes.

LILO ET STITCH

Le concours canin

Pendant que Lilo est à son cours de danse, Stitch l'attend dehors. Aujourd'hui, la chienne de Mertle, Cachemire, lui tient compagnie. Lorsque cette dernière se moque de Stitch, à la sortie du cours, Lilo essaie de le défendre.

— Si ton chien est aussi bien dressé que tu le prétends, prouve-le ! lance Mertle en lui donnant un prospectus.

Le tract annonce qu'un concours canin est organisé dans quelques jours.

Une fois Mertle partie, Lilo se tourne vers Stitch :

— C'est décidé : **nous allons lui montrer de quoi nous sommes capables !**

Le week-end suivant, les deux amis se rendent à la compétition canine, accompagnés de Nani, la grande sœur de Lilo.

— Bienvenue à tous ! s'exclame le présentateur. Nous allons commencer la première épreuve : les chiens devront passer dans des cerceaux le plus vite possible.

Mais à la place de suivre la consigne, l'alien dévore les anneaux, les uns après les autres.

La deuxième manche consiste à courir dans des tubes.

— Attention ! Prêts ? Partez ! crie le présentateur.

Stitch s'élance. Cette fois, au lieu de courir en zigzag en suivant le parcours, il fonce tout droit et déchire les tubes.

Pendant ce temps, la petite Cachemire réussit parfaitement le parcours.

Pour la troisième épreuve, les chiens doivent marcher en équilibre sur une poutre. Stitch court aussi vite qu'il peut. Mais, lorsqu'il atteint le milieu de la poutre, il trébuche !

Alors qu'un chien ordinaire serait tombé par terre, l'alien utilise ses griffes pour s'accrocher et ramper sous la poutre. Dépitée, Lilo demande à sa grande sœur de les reconduire à la maison.

— Tu ne souhaites pas attendre les résultats ? s'enquiert toutefois Nani.

— Non, je crois que nous savons tous qui va gagner, répond tristement la fillette.

Sans surprise, Mertle et Cachemire remportent en effet le concours canin. Quant à Stitch il est triste, d'avoir échoué à chaque fois.

— Ne t'inquiète pas, le rassure Lilo en le prenant dans ses bras. C'est ma faute aussi, j'aurais dû te donner des indications plus précises.

Ce soir-là, tandis qu'elle borde Lilo et Stitch, Nani leur annonce :

— Je vous ai fabriqué quelque chose.

Elle dévoile deux pierres plates emballées dans du papier brillant.

— Ce sont des médailles, précise-t-elle.

Sur chacune, Nani a écrit leurs prénoms.

— Vous êtes forts et vous avez terminé chacune des épreuves, les félicite-t-elle.

Émue, Lilo la remercie, et ils se prennent tous les trois dans les bras. Stitch se rend compte qu'il a gagné quelque chose de bien plus précieux que le concours : une famille qui l'aime, quoi qu'il arrive !

© Disney

LA PRINCESSE ET LA GRENOUILLE

Amies pour la vie !

— Tia, je n'ai plus rien à me mettre, se lamente Charlotte devant son armoire. Allons faire les magasins !

— Lottie, j'ai trop de travail, lui rappelle Tiana.

— Tu es toujours occupée, entre ton restaurant et Naveen, se plaint Charlotte. **Je veux juste passer un peu de temps avec toi !**

— D'accord, je t'accompagne, finit par accepter son amie.

Charlotte la conduit dans La Boutique du Bayou, où elle enfile une robe à crinoline.

— N'est-ce pas ravissant ? s'extasie-t-elle. Et maintenant, Tiana, on va s'occuper de toi.

— Non, je n'ai besoin de rien, refuse son amie en essayant de cacher son agacement.

— On a toujours besoin d'une nouvelle robe, insiste Charlotte. Que penses-tu de celle-ci ?

— Lottie, je n'en veux pas ! proteste Tiana.

Énervée, elle se hâte de quitter le magasin. Elle n'aurait pas supporté d'y rester une seconde de plus, même si elle déteste faire de la peine à son amie. De son côté, Charlotte s'en veut d'avoir forcé sa meilleure copine à l'accompagner dans les boutiques.

C'est pourquoi chacune s'excuse auprès de l'autre le lendemain.

— Ouf ! je suis contente, déclare Charlotte, car j'ai trouvé un autre moyen pour qu'on passe plus de temps ensemble. Je vais t'aider en cuisine !

Malgré ses réticences, Tiana veut bien laisser une chance à son amie. Elle lui montre comment préparer la pâte à beignets, puis lui demande :

— Peux-tu continuer seule ? Je vais aller nettoyer la salle du restaurant.

— Bien entendu !

Cependant, au moment de faire frire les beignets, la jeune femme laisse brûler l'huile ! Une épaisse fumée emplit la cuisine.

— Que s'est-il passé ? s'écrie Tiana en accourant. Tu es vraiment maladroite !

— Ce n'est pas juste, j'ai fait ça pour être avec toi, se défend Charlotte en pleurant.

Cette fois-ci, les deux copines sont vraiment fâchées. De retour chez elle, Charlotte se plaint de Tiana auprès de son père. Mais au fond, elle est malheureuse : **sa meilleure amie lui manque plus que tout.**

Quant à Tiana, elle est furieuse car elle doit nettoyer les bêtises de Lottie. Pourtant, quand sa colère retombe, elle comprend qu'elle aussi a besoin de sa confidente...

Le soir venu, les deux jeunes femmes se donnent rendez-vous juste devant le théâtre, où se joue *Le Prince Grenouille*.

— Je suis désolée ! s'exclame l'une.

— Moi aussi, admet l'autre. J'ai envie de passer du temps avec toi, mais sans faire les magasins ni la cuisine !

À la fin du spectacle, elles applaudissent avec enthousiasme. Elles ne seront pas toujours du même avis, sauf sur le plus important : elles sont amies pour la vie... et elles le resteront.

MICKEY ET SES AMIS

Sortie camping

Mickey et ses amis sont sur le point de partir camper. Tout le monde est prêt : Dingo a appris à allumer un feu, Mickey a prévu les tentes, Minnie et Daisy ont préparé le pique-nique et Donald a apporté des lampes torches.

Mickey conduit ses amis dans la montagne et se gare à côté d'un lac.

— Par quoi allons-nous commencer ? demande Dingo.

— Par les tentes, propose Donald.

— Je n'en ai jamais monté, avoue Minnie.

— C'est facile, la rassure son compagnon. Il faut glisser les piquets dans les rabats.

— D'ailleurs, Mickey, où sont les piquets ? le questionne Daisy en observant le matériel.

— Oh, non ! s'exclame-t-il. Je les ai oubliés !

— Ce n'est pas bien grave, le rassure Donald. On dormira à la belle étoile.

Mais, lorsque le soleil commence à se coucher, Daisy frissonne.

— Je vais allumer un feu, propose aussitôt Dingo. Allons chercher du bois.

Quand Mickey et ses camarades ont ramassé assez de branches, il leur montre comment les empiler.

— Reculez pendant que j'allume le feu, conseille-t-il. Mince, j'ai oublié les allumettes...

— Ça ne fait rien, affirme Minnie avec optimisme. Et si nous dînions pour nous réchauffer ?

Malheureusement, c'est impossible ! Pendant qu'ils s'affairaient, des animaux ont dévoré leurs provisions !

— Ne vous en faites pas, j'ai pensé aux lampes torches ! se félicite Donald.

Il appuie sur l'interrupteur d'une lampe, mais elle ne s'allume pas.

— Mince ! s'énerve-t-il. J'ai oublié les piles...

Tout à coup, un éclair illumine le ciel.

— Nous devrions rentrer à la maison, propose Minnie. Nous n'avons pas de tente pour nous abriter, alors qu'il se met à pleuvoir.

— Ni de dîner pour calmer notre faim, complète Daisy.

— Ni de feu pour nous réchauffer, ajoute Dingo.

— Ni de quoi nous éclairer, conclut Donald.

Mickey se rend à l'évidence : ses amis ont raison. Cependant, une fois arrivés chez lui, le maître des lieux propose :

— Je sais : au lieu de camper dehors, on va camper à l'intérieur ! On n'a qu'à s'installer au salon.

— Oh, Mickey, quelle bonne idée ! se réjouit Minnie. Ça va être très amusant !

Alors que Dingo allume un feu dans la cheminée, Mickey descend à la cave chercher les piquets. Puis il monte les tentes pendant que Donald met des piles dans les lampes. Pour finir, Minnie et Daisy préparent un pique-nique encore plus délicieux que le premier !

La pluie tombe au-dehors, mais la joyeuse bande d'amis n'y prête pas attention. Près de leurs tentes, ils se sont installés autour du feu et savourent leur dîner à la douce lumière des lampes torches.

MONSTRES ET CIE

Les vacances de Bouh

Ce soir, Bob, le monstre vert, rend visite à Bouh pour lui raconter des blagues. Mais la petite fille ne rit pas autant que d'habitude. Elle lui désigne les dessins accrochés au mur de sa chambre. Ils représentent son école et des enfants brandissant les clichés des endroits qu'ils ont visités durant l'été.

Bob comprend que Bouh voudrait montrer à ses camarades de classe ce qu'elle a fait pendant les vacances. Mais elle n'a pas de photos !

— Pourquoi ne viendrais-tu pas avec moi ? propose-t-il. Nous pourrions faire une surprise à Sulli.

La fillette saute de joie. Les deux amis passent ensuite la porte du placard pour se rendre à Monstres & Cie. Là, Bob récupère un vieil appareil photo dans la réserve.

La petite fille s'empare de l'objet et photographie le monstre vert !

— Super, il fonctionne ! se réjouit le cyclope.

Puis il conduit la fillette à l'endroit où travaille son collègue.

— Ohé, Sulli, crie-t-il en direction de son ami à fourrure bleue et violette. J'ai une petite surprise pour toi !

— Minou ! s'écrie Bouh.

Quelle surprise pour Sulli ! Il est très heureux de revoir la fillette.

Celle-ci se précipite vers lui, et il la prend dans ses bras pour lui faire un très gros câlin.

Les employés sont enchantés de montrer leurs meilleurs tours à la fillette. Avec son appareil photo, la petite immortalise tous leurs gags.

Ensuite, le trio se rend dans une salle de réunion pour examiner les clichés que Bouh a déjà pris.

Il y en a une centaine ! Avec l'aide de Bob, elle essaie de choisir les plus réussis pour les apporter en cours.

— Comment ça, c'est pour l'école ? s'étonne Sulli en fronçant les sourcils.

Bob explique à son ami que Bouh veut partager des photos avec sa classe.

— Tu sais bien que c'est interdit ! déclare Sulli, mécontent. Le monde des monstres ne doit pas être dévoilé aux humains.

La fillette est déçue. Et Sulli déteste la voir triste !

— S'il te plaît, Minou ? lui demande-t-elle.

— C'est d'accord, Bouh, cède le monstre bleu. Je te laisse emporter une photo à l'école. Mais c'est moi qui la prends !

Bob sourit tandis que l'enfant applaudit.

C'est parti !

Le lendemain matin, en cours, la petite fille raconte à ses copains de classe son incroyable aventure. Mais son histoire est si extravagante qu'ils ne la croient pas. Alors, elle leur montre fièrement sa photo.

— Oh ! s'étonne la maîtresse en la voyant. On dirait le yéti !

Bouh éclate de rire.

— C'est pas le yéti, lui précise-t-elle. Il s'appelle Minou !

ROBIN DES BOIS

Évasion au château

Robin des Bois se cache dans la forêt de Sherwood. Il est recherché par le prince Jean et le shérif de Nottingham, car il vole l'argent des plus riches pour le donner aux pauvres.

Dans son combat, il est soutenu par Petit Jean et Belle Marianne, qui a fui le château du prince Jean pour vivre à ses côtés.

Alors qu'ils s'attablent pour le dîner, ils sont interrompus par Frère Tuck.

— Bobby a disparu ! les alerte-t-il. Le jeune lapin a perdu une flèche dans l'enceinte du château. Il est allé la récupérer, mais il n'est jamais revenu ! explique le religieux, inquiet.

Sans plus attendre, les trois camarades partent à sa recherche.

Une fois dans le palais, la jeune renarde guide ses compagnons à travers les couloirs qu'elle connaît bien.

Mais soudain, d'autres voix résonnent derrière eux. Ils sont pris au piège ! Vite, Robin attache une corde à une fenêtre et noue l'autre extrémité à une flèche, qu'il tire vers la fenêtre d'en face. Ils peuvent ainsi traverser.

Le shérif de Nottingham et ses gardes surgissent à l'instant où Petit Jean, le dernier, saute par la fenêtre.

— J'ai cru entendre du bruit, grogne le shérif, soupçonneux. Continuons à vérifier les environs.

Pendant ce temps, les trois compagnons parviennent à se réfugier dans une autre aile du château.

— Psst, par ici, murmure Robin en leur montrant une porte qui débouche... dans la chambre de Triste Sire !

Par chance, le conseiller du prince est très occupé à s'admirer dans le miroir. La fine équipe en profite pour se faufiler discrètement dans son dos et arrive dans une cour intérieure.

— Il est là ! Bobby se cache derrière le puits, indique Petit Jean en désignant le petit lapin.

— Regardez ! s'écrie Belle Marianne. Le prince Jean se dirige droit vers lui.

— Conduisez Bobby hors du château, décide Robin. Je vous retrouverai dans la forêt.

Puis il grimpe sur le toit pour faire diversion :

— Bonsoir, Votre Majesté ! Il semblerait que vous me cherchiez ! le nargue-t-il.

— Au voleur ! crie le prince. Gardes, emparez-vous de lui ! vocifère-t-il encore.

Il est tellement furieux de voir le renard dans l'enceinte du château qu'il ne remarque pas les coéquipiers du hors-la-loi qui s'enfuient par le passage secret.

De son côté, Robin évite habilement les flèches tirées dans sa direction, avant de disparaître à son tour en plongeant dans les douves.

Dans la forêt de Sherwood, le soleil se lève. Bobby, Belle Marianne et Petit Jean sont si soulagés de voir **Robin revenir sain et sauf.** Il a même réussi à récupérer la flèche de Bobby !

— Maintenant, que diriez-vous d'un savoureux petit déjeuner ? propose le renard. Toutes ces aventures m'ont affamé !

MULAN

Le théâtre d'ombres

Un matin, Chi-Fu, le conseiller de l'empereur, s'arrête devant la maison de Mulan :

— Fa Mulan, vous êtes officiellement conviée au palais impérial. Vous assisterez, en présence de Sa Majesté, à un spectacle de théâtre d'ombres.

La jeune femme reçoit l'invitation avec autant d'humilité que d'excitation !

— N'oublie pas d'emmener Cri-Kee, ton porte-bonheur, lui intime Grand-mère Fa.

Après les avoir salués, Mulan part en direction du palais.

— Ne traînez pas, reprend Chi-Fu. Pas question d'être en retard ou de vous agiter comme à votre habitude !

Vexée, l'ancienne guerrière se laisse habiller et coiffer en se promettant d'être aussi élégante et gracieuse que possible. Or, juste à cet instant, Cri-Kee s'évade de sa cage !

— Perdre un criquet porte-bonheur ne doit pas vraiment porter chance ! s'exclame Mulan en essayant de l'attraper.

Mais Cri-Kee est beaucoup plus rapide qu'elle. Il s'échappe de la pièce et trouve refuge dans la salle de musique. En le voyant perché sur l'épaule d'une des jeunes femmes, Mulan se fige.

Le rythme de la mélodie lui donne une solution. Tout en dansant, elle parvient à s'approcher du groupe, mais elle voit Cri-Kee s'échapper une nouvelle fois ! Le malicieux criquet entre dans le paisible salon d'étude de l'empereur. D'un bond, il se réfugie sur le bureau, renversant pinceaux et rouleaux sur son passage.

Furieuse, Mulan essaie de le saisir, mais tout ce qu'elle récolte, ce sont des taches d'encre noire sur sa jolie robe !

Arrivée dans la salle de commandement, où sont entreposés armures et plans, Mulan s'arrête avec respect, en souvenir de ses combats passés. Mais vite, horrifiée de voir Cri-Kee tacher les cartes et les étendards, elle reprend sa chasse et tente de l'enfermer sous un casque.

Tous deux débouchent alors dans la pièce où doit avoir lieu le spectacle de théâtre d'ombres. Tout étonnés, l'empereur et sa cour se tournent vers elle.

Et pour couronner le tout, Cri-Kee s'est posté derrière la scène ! Mulan ne se décourage pas. Après s'être inclinée respectueusement devant son audience, elle se glisse derrière l'écran, puis elle saute, s'agite et tournoie. Enfin, elle parvient à attraper Cri-Kee.

Cet étonnant spectacle d'ombres est si comique que tout le monde se met à rire et à applaudir ! Ravi, l'empereur lui sourit.

— Pour qu'une étoile brille, elle doit garder sa pureté, félicite-t-il Mulan.

Soulagée, la jeune femme comprend que l'évasion de Cri-Kee aura finalement apporté de la fierté à sa famille. C'est décidément bien un criquet porte-bonheur !

WINNIE L'OURSON

Franken-Winnie

Par une pluvieuse soirée d'automne, Porcinet reçoit ses amis chez lui. Après leur avoir servi du chocolat chaud, il commence à leur conter une histoire :

— Il était une fois…

— Est-ce que tu vas parler de monstres ? l'interrompt Tigrou. Ou, mieux, d'un savant fou ?

— D'accord, bafouille Porcinet, si tu veux, le héros sera un savant. Mais il n'est pas fou, il est de très bonne humeur, car il fait un temps magnifique.

— Ça ne va pas, le coupe Tigrou. *Une terrible tempête fait rage au-dehors, tandis que le savant travaille dans le laboratoire sombre de son vieux château.* On a besoin de détails, sinon, ton histoire ne sera pas assez effrayante…

Dans l'esprit de Porcinet, le château illuminé par le soleil de l'été se transforme en une image sinistre.

— D'accord, soupire-t-il. Je reprends : *Le savant se console du mauvais temps en mangeant son goûter préféré.*

— Pas du tout ! s'exclame Tigrou. Si tu veux raconter l'histoire d'un savant, il doit au moins créer une bête poilue et horrible ! Et son nom aussi doit être redoutable, comme le monstre… FRANKEN-WINNIE !

Cette fois-ci, Porcinet n'arrive plus du tout à se représenter la scène.

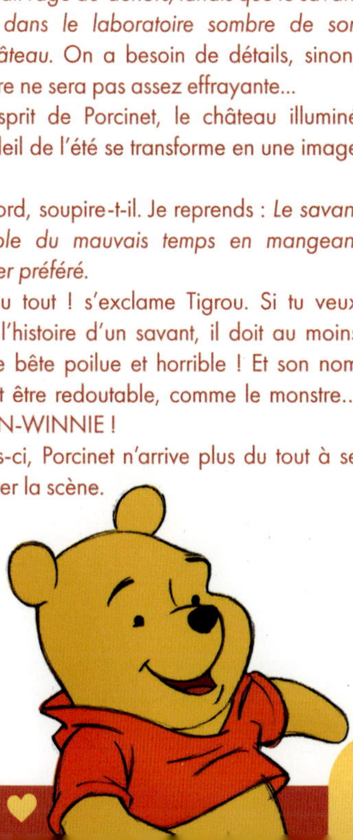

— Winnie en monstre ? s'étonne-t-il. Vraiment ?

— Oui ! rugit Tigrou. Notre ami n'est juste pas assez imposant pour le rôle. C'est pourquoi Franken-Winnie doit grandir jusqu'à devenir un ourson géant ! *Son estomac gronde. Il lui faut du miel, et tout de suite ! Comme il n'en trouve pas dans le laboratoire, il se dirige vers le village… « Du miel ! », tonne Franken-Winnie en terrifiant les habitants qu'il croise,* continue Tigrou avec passion. *Alors les villageois prennent les armes et se rendent au château du savant fou, car c'est lui le créateur du monstre !*

« Rappelez immédiatement votre créature ou vous le regretterez ! », menacent-ils.

— Je t'en supplie, Tigrou, gémit Porcinet au bord des larmes, arrête ! J'ai beaucoup trop peur.

Surpris par la réaction de son ami, Tigrou stoppe aussitôt son récit.

— Voyons, ce n'est qu'une histoire inventée, dit Grignotin. **Rien de tout ceci n'est réel !**

— Bois ton chocolat, conseille Tigrou. Ça va te faire du bien.

Le cochon obéit : après sa première gorgée, il commence déjà à se sentir mieux.

— Il n'y a jamais eu de monstre et personne n'est en colère contre toi, Porcinet, ajoute Coco Lapin. N'est-ce pas, Winnie ?

— Bien sûr ! répond leur ami d'un ton rassurant. Dans l'imagination du petit Porcinet, Franken-Winnie rapetisse jusqu'à redevenir son ami Winnie l'Ourson.

— D'ailleurs, cette histoire de miel m'a donné faim, déclare ce dernier. Aurais-tu du goûter ou un petit quelque chose à grignoter, Porcinet ?

RAYA ET LE DERNIER DRAGON

L'entraînement de Tuk Tuk

Tous les après-midi, Raya retrouve son père Benja pour prendre le thé. Aujourd'hui, elle est tellement prise par son entraînement qu'elle en perd la notion du temps et le rejoint en retard. Lorsqu'elle arrive, elle s'en excuse aussitôt.
— Ba, mon entraînement avance bien, lui dit-elle. J'espère pouvoir bientôt devenir Gardienne de la Pierre du dragon !
— Je suis fier de toi, Raya, répond Benja en souriant. Mais tu dois aussi prendre du temps pour explorer d'autres activités ! D'ailleurs, j'ai une surprise pour toi.
À ces mots, il tend à sa fille un petit panier. À l'intérieur, Raya découvre un minuscule animal roulé en boule. Soudain, il se déploie, de petites pattes apparaissent et deux grands yeux s'ouvrent pour la regarder.
— Il s'appelle Tuk Tuk. Tu vas devoir t'en occuper ! lui apprend Benja. À mon avis, vous deviendrez vite amis.
— Oh, merci, Ba ! Je l'adore ! s'écrie Raya, tout attendrie.
Le lendemain, la jeune fille emmène Tuk Tuk à son entraînement et lui construit un mini-parcours d'obstacles. Mais, plutôt que de grimper sur un filet, le petit animal préfère jouer avec une fleur !

Puis il s'amuse avec un papillon, perd l'équilibre sur des rondins de bois et reste coincé le dos. Enfin, au bout du parcours, il finit par s'endormir sur la planche qu'il devait traverser !
À l'heure du thé, Raya rejoint son père et lui raconte son échec, désemparée.
— Sois patiente, conseille Benja. Il faut que vous appreniez à vous connaître. En attendant, allons manger notre dessert.
Avec surprise, tous deux s'aperçoivent alors que leurs bols ont été vidés...
— Ce coquin a tout mangé ! s'exclame son père.
— J'ai une idée ! s'écrie Raya en se précipitant vers la cuisine.
Elle revient avec un panier rempli de friandises. Cette fois, Tuk Tuk répond avec empressement à son appel. Attiré par la nourriture, il commence son entraînement. Dès qu'il passe un obstacle, la jeune fille le récompense d'un gâteau.
Bientôt, il est capable de franchir tout le parcours sans s'arrêter. Petit à petit, il devient encore plus agile et plus rapide.
Et, un matin, il réussit son entraînement sans faire aucune faute !
— Tu es prêt ! affirme-t-elle.
Les jours suivants, Raya emmène Tuk Tuk sur son propre parcours et traverse le circuit à ses côtés, **améliorant sans cesse leur complicité...** et dévorant plein de gâteaux à l'arrivée !
Une nuit, elle prend Tuk Tuk dans sa main.
— Ensemble, nous réussirons ! affirme-t-elle.
Puis Raya se dirige vers le Temple, certaine qu'avec l'aide de son ami, elle franchira toutes les épreuves pour devenir Gardienne de la Pierre du dragon.

© Disney

COCO

La fanfare de la famille Rivera

Aujourd'hui, dans la jolie ville de Santa Cecilia, Miguel est impatient. Le concours de talents de la Fête des Morts se tiendra demain.

Afin d'honorer la musique qui coule dans leurs veines, le garçon propose à ses cousins Rosa et Abel de former un groupe ensemble. Mais les deux adolescents sont inquiets : ils n'ont jamais joué en public.

— Si nous répétons, tout ira bien, les rassure Miguel, confiant.

Tandis qu'il se met à gratter sa guitare, Rosa saisit son violon et Abel son accordéon.

Soudain, le reste de la famille fait son apparition.

— Il faut retourner préparer l'*ofrenda*, les appelle leur grand-mère.

Pendant ce temps, dans le Monde des Ancêtres, Imelda et Héctor, les arrière-arrière-grands-parents Rivera, ont la même idée que Miguel.

Ils vont donc rejoindre le reste de la famille pour leur expliquer la situation :

— Notre musique sera un moyen de remercier les membres de notre famille de se souvenir de nous et de leur faire savoir **à quel point nous les aimons.**

Mais Tío Felipe et Tío Oscar sont sceptiques.

— Ils ne pourront pas nous entendre, font-ils remarquer.

— Non, admet Imelda. Mais ils pourront sentir notre présence et notre amour près d'eux.

Finalement, tous trouvent que c'est une excellente idée, et ils commencent aussitôt les répétitions.

De son côté, Miguel tient bon : il n'abandonne pas son projet.

« Nous ne sommes pas des professionnels, pense-t-il, mais **la musique nous permet de passer un bon moment en famille.** »

Puis le garçon rejoint sa grand-mère près de l'*ofrenda* :

— Abuela, toi aussi, tu dois participer. S'il te plaît... Fais-le pour Mamá Coco et tous les membres de notre famille. Tout ce que tu auras à faire sera de chanter avec ton cœur.

Émue, la vieille dame accepte.

Pendant que les morts traversent le Pont pour rejoindre les vivants, la famille Rivera s'apprête à partir avec ses instruments... Mais Abel est toujours nerveux.

— Ne t'inquiète pas, le rassure sa grand-mère. Quoi qu'il se passe, nous sommes ensemble. Profite simplement de la fête !

Les ancêtres Rivera arrivent au concert.

— Regardez là-bas ! s'exclame Héctor. Il est écrit **« La fanfare de la famille Rivera ».**

— Nous en faisons partie, nous aussi, renchérit Papá Julio.

Tandis que vivants et morts jouent de la musique tous ensemble, ils semblent entourés d'amour et de joie. C'est la plus belle Fête des Morts que chacun ait jamais vécue !

BLANCHE-NEIGE

La chasse au trésor

Pour la première fois depuis leur mariage, Blanche-Neige et son prince vont être séparés.
— Mon amour, il y a une enveloppe qui t'attend sur le puits, lui dit son époux. C'est le premier indice d'une chasse au trésor !
Ravie, la jeune femme court lire la première lettre avec ses sept amis :
— *Je ne peux ni t'embrasser, ni te serrer contre moi, ma chérie. Tout ce que je peux te conseiller, c'est d'aller chercher sous...*
Subitement, Simplet se met à courir en direction de la cuisine, persuadé d'avoir la réponse. Il est suivi par les autres.
— Qu'est-ce que tu fabriques encore ? râle Grincheux avant de trébucher sur son frère, enfoui sous le tapis.
— Simplet, est-ce que tu vas bien ? l'interroge la princesse.
Ce dernier surgit de sous le tapis en tenant une lettre. **Il a trouvé le premier indice !**
— Chercher sous le tapis ! Bien joué, Simplet, le félicite Prof.
Blanche-Neige lit la nouvelle énigme :
— *Pour le deuxième indice, sur la table de la salle à manger, soulève le...*
— Gâteau ! s'exclament les nains.
Pendant qu'ils se régalent avec une tarte aux fruits, Blanche-Neige poursuit la lecture :

— *Dans ce château, un troisième indice se cache parmi les dorures. Regarde partout s'il se glisse dans un pli de ta...*
— Parure ? propose Joyeux.
Les nains examinent les plis de chacune de ses robes. Tout à coup, Timide laisse échapper un cri de joie. La parure n'était pas une robe, mais la couronne de la princesse, au creux de laquelle repose une nouvelle énigme !
— *Le cadeau est presque gagné,* déchiffre Blanche-Neige. *Cependant, il te faut encore chercher. Il te reste un dernier indice à dénicher, au sommet d'un symbole royal, il est caché !*
— Qu'est-ce que cela peut vouloir dire ? s'interrogent six des amis.
— Mais où est passé Dormeur ? s'inquiète la princesse. Il a disparu !
Après quelques minutes de recherche, ils le retrouvent assoupi sur le trône.
— Regardez ! déclare Prof. Le dernier indice est caché au sommet du trône, qui est un symbole royal !
Deux oiseaux viennent chercher le cadeau pour le remettre à la princesse : il s'agit d'un collier avec un pendentif en forme de cœur.
Puis elle ouvre la dernière enveloppe laissée par le prince :
— *Certes, les bijoux sont précieux, mais comme cette chasse au trésor se finit,* ***songe à ce qui est encore plus merveilleux.*** *Les plus beaux des trésors, ne seraient-ce pas...*
— Les amis ! complète Blanche-Neige. Grâce à vous, j'ai passé une merveilleuse journée. Merci à vous sept !

© Disney

LUCA

Un cadeau pour Giulia

Tout au long de l'été, Luca, Alberto et Giulia se sont bien amusés. Ils ont même participé à la Portorosso Cup, la grande compétition en trois étapes du village, qu'ils ont remportée !
Cependant, la rentrée approche, et Giulia va quitter Portorosso pour retourner à l'école, en ville. Le cœur serré, Luca la regarde faire sa valise.
— Prends mes anciens manuels scolaires, lui propose la jeune fille. Comme ça, tu penseras à moi !
Son geste donne une idée à Luca.
— Nous aussi, **nous allons offrir quelque chose à Giulia,** chuchote-t-il à Alberto.
Les deux monstres marins décident qu'un cadeau venant de leur monde serait idéal. C'est pourquoi, le lendemain, ils invitent leur amie à les accompagner. Pendant qu'elle enfile son équipement de plongée, les garçons se jettent à la mer, retrouvant leur apparence naturelle dès que leur peau entre au contact de l'eau.
Puis ils guident la jeune fille vers les profondeurs.
— Giulia, prends un biscuit au corail. Tu le mangeras sur la terre ferme, lui propose la mère de Luca.
— J'ai un crabe de compétition pour toi, ajoute le père.
Luca est catastrophé : ses parents ont de bien meilleures idées que lui !

C'est alors que sa grand-mère lui propose d'aller au marché. Et, là-bas, la fillette est émerveillée par les étals. C'est la première fois qu'elle se rend dans le monde sous-marin, et tout la fascine.
Soudain, Luca repère une jolie perle rouge sur un stand.
— Elle est de la même couleur que les cheveux de Giulia, se réjouit Alberto. Quel est son prix ?
Malheureusement, le bijou coûte beaucoup trop cher pour leurs maigres économies.
— Par ici ! les appelle la jeune fille.
Elle vient de placer son crabe au départ d'une course de crustacés. En quelques secondes, il dépasse ses concurrents et franchit la ligne d'arrivée le premier ! Giulia laisse éclater sa joie, avant de s'inquiéter de l'air triste de Luca.
— Nous voulions t'offrir un cadeau extraordinaire pour que tu te souviennes de nous, lui avoue-t-il. Mais nous n'avons rien trouvé...
— Comment ça ? s'indigne la jeune fille. **Jamais je n'oublierai cette journée.** Ça vaut tous les cadeaux du monde ! On se reverra bientôt, je compte sur vous pour me raconter toutes vos aventures à mon retour.
— Retournons à la surface ! suggère Alberto.
Ses amis le suivent dans son repaire secret, où il conserve ses objets humains.
— Giulia, voici un écrit-truc pour que tu nous envoies des lettres, précise-t-il.
— Un stylo, quelle bonne idée ! approuve Luca.
Le trio s'installe ensuite sur le toit pour contempler Portorosso, savourant le simple bonheur d'être ensemble. Finalement, **leur amitié est le plus beau des cadeaux !**

LES ARISTOCHATS

L'anniversaire surprise

Ce matin, O'Malley est réveillé par Duchesse et ses trois chatons, qui sautent sur son lit pour lui souhaiter un joyeux anniversaire.
Duchesse demande :
— Qui veut offrir son cadeau d'abord ?
Toulouse est le premier à se manifester. Vite, O'Malley suit le petit chat roux. Une fois le duo parti, Duchesse murmure à Berlioz et à Marie :
— Venez, les enfants ! **Allons préparer la fête surprise !**
Dans l'un des salons, Toulouse annonce :
— Pour ton cadeau, je vais peindre ton portrait, Thomas.
Le chaton place le matou de manière qu'il tourne le dos au couloir. Puis il presse ses tubes de peinture et commence son œuvre. Le modèle est si concentré qu'il ne remarque même pas les autres s'affairer dans le couloir.
Quand le jeune artiste dévoile son tableau, O'Malley est impressionné. Le chaton lui montre alors comment mélanger les couleurs avant de commencer une nouvelle œuvre, tandis que les autres continuent leurs préparatifs en secret. Quand le tableau est achevé, Berlioz et Marie les rejoignent.
— C'est notre tour, maintenant ! Veux-tu écouter un peu de musique, O'Malley ?
Ce dernier accepte, bien décidé à profiter de cette journée. Pendant ce temps, Toulouse file sur la pointe des pattes aider sa maman, Madame et Roquefort.
— Nous avons composé une chanson rien que pour toi, déclare fièrement Berlioz.
Dès que son frère entame le morceau, Marie se met à chanter. Entraîné par la mélodie au tempo soutenu, O'Malley les accompagne en battant le rythme.
Grâce à la distraction créée par les chatons, Thomas ne voit pas ses amis s'activer discrètement dans le jardin. Tout se passe comme prévu !
— C'est la plus belle chanson d'anniversaire que j'aie jamais entendue ! s'exclame le chat roux. Merci, les enfants.
Et maintenant, direction la salle à manger ! Toulouse, Berlioz, Marie, Roquefort et Madame ont préparé le plat préféré d'O'Malley : un soufflé au saumon.
— Joyeux anniversaire ! chantent-ils tous en chœur.
À la nuit tombée, Marie demande :
— Peut-on aller regarder les étoiles dehors ?
Avant de sortir, Duchesse avoue :
— Thomas, préparez-vous : un dernier cadeau vous attend...
En effet, le jardin est entièrement décoré.
— Surprise ! crient Duchesse et les chatons.
À la fin de la soirée, le chat à l'honneur remercie ses amis :
— Vous m'avez offert un anniversaire inoubliable. C'est bien fini, maintenant ?
— Oui, répond Duchesse en souriant. Jusqu'à l'année prochaine !